DUMONT DIREKT

Lissabon

Gerd Hammer

Inhalt

Das Beste zu Beginn

Über den Tejo – hin und weg
Sie heißen *cacilheiros*, diese Fähren, und sie verbinden beide Seiten des Tejo-Ufers. Am Cais do Sodré (H 8) einsteigen, von Möwen begleitet nach Cacilhas fahren, dann wieder zurück und den Blick genießen. Morgens, abends, im Sonnenaufgang, Sonnenuntergang, Mondlicht. Macht süchtig.

Lissabon tuktuk
Ob in den historischen Vierteln oder für ein längeres Sightseeing, mit den elektrischen Tuk-tuks kommen Sie in der Stadt gut voran. Ideal zum Kennenlernen. (Eco Tuk Tours Lisboa, Travessa da Pereira 16a, T 914 92 54 50, www.ecotuktours.com, Karte 3, G 3)

Liebe auf den ersten Blick!
Wie oft ich dort schon gestanden habe, allein oder mit Freunden, ich weiß es nicht. Aber der Ausblick vom **Miradouro São Pedro de Alcântara** (► S. 36) über Unterstadt, Tejo und Schloss, hier zwischen Bairro Alto und der Avenida da Liberdade, ist immer noch einer der schönsten, ganz gleich ob am Morgen oder am Abend. Das weiß ich.

Sehr guten Appetit!
Gut essen will Weile haben. Die halbstündige Mittagspause? In Portugal ein Witz! Gute Restaurants gibt es an jeder Ecke. Versuchen Sie doch gleich mal das alte Brauhaus Cervejaria da Trindade (► S. 24) in der Rua Nova da Trindade. Zwischen *azulejos* und viel Tradition wird Ihnen sofort klar, was Lissabonner unter einem (Mittag-)Essen verstehen.

Village Underground Alcântara
Bunte Busse und Container stapeln sich nahe der Brücke des 25. April (C 8). Im Inneren werkeln städtisch gefördert Architekten, Designer und andere Kreative. Musik schallt aus Containern, in anderen findet Theater statt. Street Food wird serviert. Hier erneuert sich Lissabon gerade wieder einmal. Von wegen verschlafen.

Fado? Aber ja!
Der Fado, diese melancholische Musik, hat sich von seinem konservativen Image befreit. Ich höre ihn sehr gerne im Clube de Fado (▶ S. 30). Viele neue Sängerinnen und Sänger haben ihn heute wieder populär gemacht. Und wenn Sie den Fado kennen, verstehen Sie einiges von der Stadt und ihren Menschen.

!

Nun ja: die Tram Nr. 28
So viel ist über diese alte Straßenbahn schon geschrieben worden. Sie ist fast immer überfüllt, sie ist touristisch, sie ist nicht sehr bequem. Aber fahren sollten Sie dennoch mit ihr (▶ S. 43). Vom Friedhof Prazeres bis zur Praça Martim Moniz eine holperige Strecke durch enge Gassen, bergauf, bergab. Wirklich schön. Leider aber auch viele Taschendiebe. Also Vorsicht!

Sonne und Sand
Baden gehen in der Metropole? Aber so richtig! Ob südlich von Lissabon, an der Costa da Caparica (▶ S. 74), oder an den Stränden Richtung Cascais (🗺 Karte 5), überall genießen die Lissabonner Sonne und Meer. Strandkultur als Teil der Stadtkultur.

Heute und damals
Sind Sie den ganzen Tag in der Stadt herumgelaufen? Haben Sie sich gefragt, wie es wohl früher aussah? Hier: http://lisboaantiga.blogs.sapo.pt/ gibt es alte Schwarz-Weiß-Fotos der wichtigsten Lissabonner Straßen und Plätze. Die portugiesische Sehnsucht danach heißt *saudade*.

Seit mehr als 20 Jahren lebe und arbeite ich in Lissabon. Viele Wege sind inzwischen Routine, aber ein Morgenspaziergang im Jardim da Estrela, Abendsonne und Portwein im Ponto Final mit Blick auf Fluss und Stadt zeigen jedes Mal: Es gab sehr gute Gründe, an den Westrand Europas zu ziehen.

Fragen? Erfahrungen? Ideen?

Ich freue mich auf Post.

@ *Mein Postfach bei DuMont:*
g.hammer@dumontreise.de

Das ist Lissabon

Menschen auf den Straßen, Menschen in den Cafés und Restaurants, Menschen in den Geschäften, Menschen in den Kinos und Diskotheken: Das soll die Krisenstadt aus den Nachrichten sein? Diese Frage poppt hinter der Stirn vieler Besucher der portugiesischen Hauptstadt auf. Aber – und das ganz ohne Zynismus – Portugiesen sind Krisen gewöhnt und haben schon lange gelernt, einigermaßen damit zu leben, sich zu arrangieren. Und: Lissabon ist eben Lissabon, und der Rest des Landes ist Provinz.

Das Große im Kleinen

Der eigentliche Stadtbereich der am Tejo auf sieben Hügeln erbauten Metropole ist mit rund 550 000 Einwohnern relativ klein, mit Frankfurt vergleichbar, aber im Großraum Lissabon leben fast 30 % der Bevölkerung Portugals. Gerade die Älteren bleiben auch in der Hauptstadt ihrer Heimat treu. Alle Provinzen des Landes haben über die Stadt verteilt ihre eigenen regionalen Treffpunkte, wie etwa die Casa do Alentejo. Auch das macht ein großes Stück des liebenswert attraktiven Ambientes aus Tradition und Moderne aus.

Die Schöne am Westrand Europas

Lange Zeit galt Lissabon mit seinen weißen Häusern, den roten Dächern und dem milden Licht als etwas verschlafene Schöne am Westrand Europas. Aber spätestens seit der Weltausstellung, der EXPO 98, hat Lissabon auch das Image einer modernen Stadt. Auf dem ehemaligen Gelände der Weltausstellung entstand im Osten ein neues Viertel, der Parque das Nações, mit einem ganz eigenen Kultur- und Nachtleben, wo man immer etwas erleben kann. Für Leben sorgen auch die rund 110 000 Studenten, die vor allem an den zwei staatlichen Universitäten in der Hauptstadt studieren und das Nachtleben etwa im Bairro Alto auf Touren bringen. Ihre Zukunftsaussichten im Lande selbst sind allerdings nicht rosig, wegen der anhaltenden Krise verlassen immer mehr gut ausgebildete junge Menschen ihre Heimat.

Ein Schuss Melancholie

Den Portugiesen wird ein Hang zu Melancholie und Sehnsucht nachgesagt, eben die oft beschriebene *saudade*. Ihren deutlichsten Ausdruck findet sie im Fado, Klageliedern von Verlust und vergeblicher Liebesmühe. Wie bei vielen Klischees ist auch bei diesem nicht alles falsch. In Lissabons zahlreichen Cafés geht es wesentlich stiller als bei den spanischen Nachbarn zu. Und im Allgemeinen sind die Menschen ruhig und freundlich – im Straßenverkehr nicht immer –, an Gesprächen mit Reisenden interessiert und neigen nicht zu Extremen. Die Portugiesen selbst sagen von sich, sie seien ein Land der *brandos costumes,* frei übersetzt: der gepflegten Umgangsformen. So kann man dann auch bei den großen Stadtfesten im Juni und anderen Großveranstaltungen die freundliche Atmosphäre und die Geduld der Portugiesen, die sich auch bei längerem Warten

Nicht nur ein Bahnhof, sondern auch ein wahres Jugendstil-Fest: die Estação do Rossio

nicht erschöpft, nur bestaunen. Und wundern Sie sich nicht, wenn Ihnen manchmal der Weg versperrt ist. Immer wieder stehen kleine Gruppen in reger Unterhaltung direkt vor den Eingängen von Geschäften und Cafés. Das ist keineswegs böse gemeint. Und mit einem freundlichen *com licença* (»Dürfte ich?«) wird Ihnen der Weg sofort frei gemacht.

Das andere Lissabon

Auch Lissabons schwarze Bevölkerung ist von der Krise betroffen. Sie kamen vor allem nach der Nelkenrevolution 1974 aus den ehemaligen portugiesischen Kolonien in Afrika, von den Kapverdischen Inseln, aus Angola und Mozambik. Die Großbaustellen, wo viele von ihnen gearbeitet haben, gibt es zurzeit nicht, und wirklich integriert sind diese Menschen auch heute noch nicht. Aber die Zeiten ändern sich. Immer mehr kommen auch an die Universitäten Portugals, und in der neuen Regierung des Sozialisten António Costa ist immerhin zum ersten Mal eine schwarze Ministerin vertreten, die aus Angola stammende Francisca van Dunem.

Das bleibt

Ihre Tradition lässt sich bis auf die Araber zurückverfolgen und doch sind die *azulejos,* kunstvolle Fliesen, die Hauswände innen und außen sowie Mauern schmücken, bis heute in der Stadt allgegenwärtig, machen sie ein Stück weit geradezu aus. Auf Arabisch nennt man sie *Al-zulayi,* was »kleine Steinchen« bedeutet. Die sozialen und historischen Darstellungen auf den zu aufwendigen Fliesenbildern, die man *silhares* nennt, zusammengefügten Kacheln sind auch wertvolle Zeugen der Zeitgeschichte. Da lässt der ein oder andere Dieb gerne mal eins mitgehen. Auf Flohmärkten tauchen sie dann wieder auf. Ganz verschwinden werden die *azulejos* sicher nicht.

Lissabon in Zahlen

7

Hügel sind es, auf denen die Stadt ursprünglich erbaut wurde. Romulus & Remus lassen grüßen.

14,9

° C betrug die Durchschnittstemperatur 2015 in Lissabon. 11,4° C im Januar, 24,2° C im August

17,185

km lang ist die Brücke Vasco da Gama über den Tejo. Die Nr. 1 in Europa, die Nr. 24 auf der Weltrangliste der längsten Brücken

18

km lang ist das Flussufer des Tejo im Stadtgebiet von Lissabon.

18,5

% der Lissabonner waren 2014 arbeitslos, landesweit die höchste Rate.

22

kg Bacalhau (Stockfisch) verzehrt laut Wikipedia jeder Portugiese im Jahr – roh, mariniert, gegrillt, gekocht, in Suppen, Salaten und sogar Desserts.

52

% der Wählerstimmen erhielt Marcelo Rebelo de Sousa am 24. Januar 2016 und wurde so neuer Präsident des Landes.

100,05

km² Stadtfläche, das sind rund 10 x 10 km und damit etwa ein Drittel von München.

505

Euro beträgt der Mindestlohn 2015 – bald ein wenig mehr?

10 000

Opfer soll das Erdbeben von 1755 allein in Lissabon gefordert haben, inklusive Großbrand, Tsunami und zwei Nachbeben.

20 000

Pastéis de Belém werden im gleichnamigen Café täglich hergestellt. Das Anstehen nach den köstlichen Törtchen lohnt sich!

65 647

Zuschauer passen ins Estádio da Luz, den Fußballtempel der Anhänger von Benfica Lissabon – 10 000 weniger als in die Münchner Allianz Arena.

2 800 000

Menschen leben im Großraum Lissabon – mehr als ein Viertel der 10,6 Mio. Portugiesen.

7 500 000

Millionen Liter Wasser enthalten die Becken des Ozeanariums – das zweitgrößte Meeresaquarium der Welt nach dem Osaka Ring of Fire Aquarium in Japan.

11 400 000

Touristen übernachteten 2014 in der Stadt. Kommt Ihnen spanisch vor? Korrekt: Die meisten Besucher sind Spanier.

–1

Stunde beträgt der Zeitunterschied zu Deutschland

Was ist wo?

Lissabon ist noch immer eine eher ruhige Metropole. Sie lebt von ihrem einzigartigen Licht, vom Blick auf den Tejo mit seinen Schiffen und Möwen. Und das Leben findet hier in der Öffentlichkeit statt, in den unzähligen Cafés und an den Miradouros, den Aussichtspunkten, die so etwas wie die Wohnzimmer der Lissabonner sind. Beides sind wunderbare Orte, um das Lissabon-Erlebnis zu beginnen.

Direkt mittendrin

Landen Sie mit dem Flugzeug am Flughafen, dem **Aeroporto da Portela** (🕮 Karte 5) im Norden Lissabons, dann kann der Besuch recht bald beginnen. Lissabon verfügt über einen Stadtflughafen, der geplante neue Großflughafen wurde wegen der Wirtschaftskrise auf Eis gelegt. Und so gelangen Sie mit Aero-Bus, Metro oder Taxi in 20 bis 30 Minuten ins Stadtzentrum.

Von seiner ganzen Pracht zeigt sich Lissabon indes, wenn man sich von Süden kommend über die **Brücke des 25. April** nähert. Normalerweise hat man wegen der notorischen Staus auf der Brücke ausreichend Zeit, die Aussicht auf die unweit der Atlantikmündung am Tejo gelegene Stadt zu genießen.

Von Belém im Westen bis zum Altstadtviertel Alfama und, bei guter Sicht, bis zum modernen Parque das Nações und der Vasco-da-Gama-Brücke – nicht nur geografische Gegenpole – reicht der Blick.

Das Schloss und die alten Viertel

Vom **Castelo de São Jorge** (🕮 Karte 3, F/G 4) aus lässt sich Lissabon gut erschließen, hier liegt der älteste Teil der Stadt und von diesem Punkt nahm die Stadtentwicklung ihren Ausgang. An den Burghügel angrenzend liegen die alten Stadtviertel **Alfama** (🕮 K/L 6) und **Mouraria** (🕮 J 6), die ihre maurische Herkunft schon durch ihren Namen verraten. Bei einem Bummel durch die Alfama, dem Herzen des alten Lissabon, begegnet man der Tradition mit der *saudade,* der Sehnsucht, und den passenden Liedern, dem **Fado,** auf jedem Meter. Für die Stadtfeste im Juni ein idealer, bei Mondschein ein magischer Ort. Auch die lange vernachlässigte Mouraria ist inzwischen renoviert, viele Kneipen und Restaurants finden sich hier, auch wenn der Largo Martim Moniz noch immer ein wenig wie ein Fremdkörper wirkt.

Von der Baixa ins Bairro Alto

Rege Geschäftigkeit herrscht am Tage in der **Baixa** (🕮 J 6/7), der Unterstadt. Dann beleben sich die Hauptplätze, die **Praça do Comércio** und der **Rossio,** die Läden der Rua Augusta öffnen und der Berufsverkehr ist lautstark zu vernehmen. Anwohner gibt es hier nur noch sehr wenige, und nach Geschäftsschluss tummeln sich in diesem Quartier vor allem Touristen aus den zahlreichen Hostels.

Von der Unterstadt kommen Sie durch den Chiado in die Oberstadt, das Bairro Alto. Der berühmte **Elevador de Santa Justa** bildet eine Art Grenzstein, dahinter sind Sie im Zentrum des **Chiado** (🕮 H 6/7), einst feines Bürger- und Flanierviertel, heute und nach fast beendeter Renovierung eine beliebte Einkaufszone. Wenn es Nacht wird, verschiebt sich dann das Leben nach oben ins **Bairro Alto** (🕮 G/H 6/7). Hier standen einst Adelspaläste, bis ins frühe 19. Jh. war es ein nobles Viertel. Mit den Zeitungen

E
ELEVADOR

Für ein müheloses Auf und Ab im hügeligen Lissabon sorgen Kabelbahnen, die die steilsten Gassen und Anhöhen überwinden. Der **Elevador da Glória** bringt seine Gäste von der Praça dos Restauradores in die Oberstadt, ins Bairro Alto. Mit dem **Elevador da Bica** kann man zum Miradouro Santa Catarina fahren und mit dem **Elevador do Lavra** geht es östlich der Avenida da Liberdade auf den Santana-Hügel. Der **Elevador de Santa Justa** verbindet die Unterstadt, Baixa, mit dem Largo do Carmo im Chiado-Viertel.

und Druckereien kam schließlich das Nachtleben mit seinen vielen Bars, *tascas* und preiswerten Lokalen. Es ist bis heute vor allem ein Vergnügungsviertel für Jugendliche geblieben.

Alter Glanz in Belém

Etwa 5 km westlich des Zentrums liegt dieser Stadtteil (Karte 2) am Tejo. Historisch ist es ein Weg zurück in die Zeiten der Seefahrer und Entdecker. Das prachtvolle **Hieronymitenkloster** und der **Turm von Belém** sind die reichsten Zeugnisse dieser Fahrten und des unermesslichen Reichtums, den die Kolonien dem kleinen Land bescherten. Auch das **Denkmal der Entdeckungen** ist hier am Tejo zu besichtigen. In Belém gibt es aber nicht nur Historisches. Das Café **Fábrica dos Pastéis de Belém** bietet Gaumenfreuden und das moderne **Centro Cultural de Belém** Kunstgenuss.

Neuer Glanz: Parque das Nações

Mit der Metro gelangen Sie in den Osten der Stadt, wo auf dem früheren Gelände der Weltausstellung (Karte 7) ein neues Stadtviertel entstanden ist. Das **Ozeanarium,** das **Spielkasino** und die **MEO Arena** finden sich hier, dazu ein großes Einkaufszentrum mit Kinos, und für den Abend bieten Restaurants und Kneipen genügend Gründe, zu bleiben.

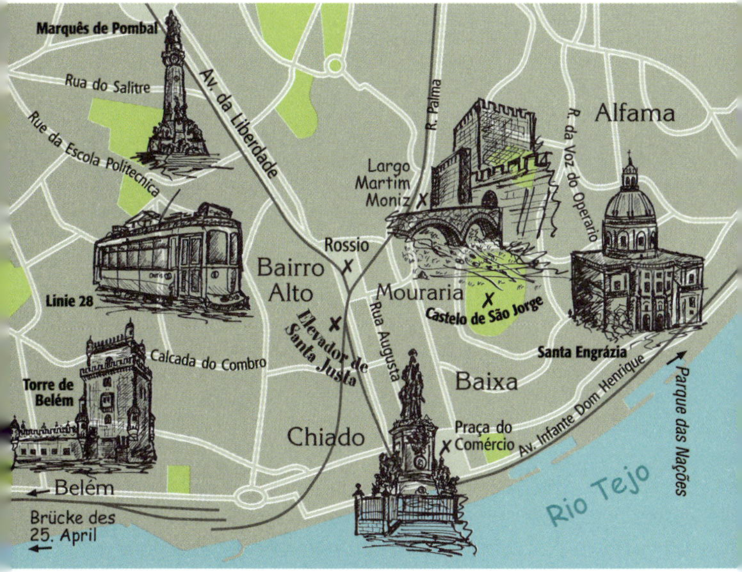

Augenblicke

An jeder Ecke ein Café

Eine große Bica oder eine kleine, mit ein bisschen Milch oder ein Milchkaffee im Glas? Oder doch lieber in der Tasse? Portugiesischer Individualismus zeigt sich im Café. Dort findet ein wichtiger Teil des sozialen Lebens statt. Alle paar Meter finden Sie eins. Und preiswert sind die meisten auch noch.

Entspannt im Hier und Jetzt

Es klingt wie ein Gegensatz, aber in der geschäftigen Unterstadt, der Baixa, geht es äußerst gelassen zu. Wie hier auf dem Rossio bleiben die Menschen immer wieder für ein kurzes Gespräch stehen, auch mit Pausen geht man großzügig um. Und hier kommen sie alle zusammen, die Politiker, die Angestellten, Geschäftsinhaber und Banker. Nach Feierabend und am Wochenende aber wird es ruhig, dann verlagert sich das Leben von der Unter- in die Oberstadt.

Lissabonner Wohnzimmer

Viel ist über das Licht in Lissabon geschrieben worden. Sie sollten es erleben, ob morgens oder am Abend. Und dann einfach durch die Straßen des Bairro Alto schlendern, etwas trinken und die Menschen beobachten, sich mit Freunden treffen. Für Lissabonner ist dieses Viertel ihr eigentliches Wohnzimmer.

TOFA
ADEGA DANTAS

Ihr Lissabon-Kompass

#2
Hoch über der Stadt – **das Castelo de São Jorge**

#3
Die Seele des Fado –**im maurischen Viertel Alfama**

Hier fing alles an

SAUDADE = WELTSCHMERZ

#1
Rein ins Leben– **in den Gassen von Chiado**

EINFACH MAL TREIBEN LASSEN

WOMIT FANGE ICH AN?

SONNE, SAND UND GRILLFISCH SATT

#15
Ein Strand vor jeder Haustür – **die Costa da Caparica**

So möchten Lissabonner wohnen?

#14
Trautes Heim, Glück allein – **im Wohngebiet Telheiras**

Was NEUES im Osten

VON ARM BIS ARMANI

#13
Voller Einsatz, hoher Gewinn – **der Parque das Nações**

#12
Licht und Schatten – **die Avenida da Liberdade**

#4

Lissabons Nekropole – **der Prazeres-Friedhof**

#5

Im Rhythmus der Nacht – **Bairro Alto**

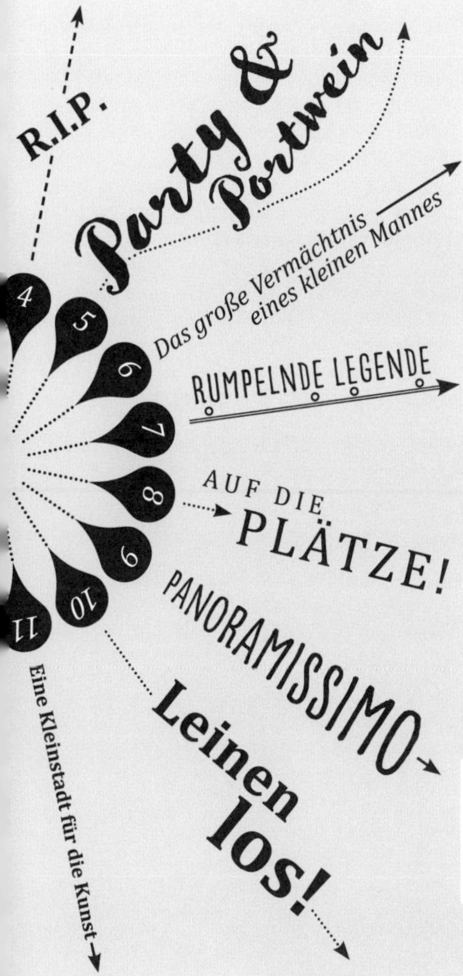

#6

Mr. Five Percent geht stiften – **die Gulbenkian-Stiftung**

#7

Lissabons altes Mädchen – **die Straßenbahn Nr. 28**

#8

Geschäftige Unterstadt – **Baixa**

#9

Gute Aussichten – **die Miradouros von Lissabon**

#11

Neue Kultur an alten Ufern – **das Centro Cultural de Belém**

#10

Seebären und Süßes – **in Belém**

1

Rein ins Leben – **in den Gassen von Chiado**

Es brummt im Chiado, einem der lebendigsten Viertel der Stadt. Im Café A Brasileira do Chiado, seit jeher das berühmteste im Lande, trafen sich Künstler und Intellektuelle zum Gespräch. Heute lassen sich viele Reisende davor mit Fernando Pessoa – in Bronze – fotografieren oder nehmen eine Bica, den portugiesischen Espresso. Ein idealer Ausgangspunkt für einen Bummel durch den Chiado, Pessoas kleinem Dorf.

Seit über 100 Jahren treffen sich Künstler und Intellektuelle im Café Brasileira zur ›tertúlia‹, einem Stammtisch. Inspiration liefert das prächtige Interieur ja mehr als genug.

Schon seit über 100 Jahren verkauft man in der Rua Garrett Nr. 120 Kaffee aus Brasilien. Um eben diesen an die Portugiesen zu bringen, wurde das heute berühmteste Café des Landes, das **A Brasileira do Chiado** (1), 1905 eröffnet. Es avan-

cierte in den folgenden Jahren zum Treffpunkt von Künstlern und Intellektuellen wie Almada Negreiros und Fernando Pessoa. Während der Zeit des Salazarismus konnte man hier angeblich offen diskutieren – mit den Spitzeln des Regimes am Nebentisch.

Auch wenn in das Café, übrigens für Lissabonner Verhältnisse recht teuer, heute viele Reisende aus aller Welt kommen, hat es seinen Reiz und seine Bedeutung nicht verloren. Davon kann man sich auf der schönen Esplanade vor dem Café überzeugen, am besten mit einer *bica* und einem *pastel de nata,* dem landesweit bekannten Blätterteig-Cremetörtchen. Aber auch ein Blick ins Innere lohnt sich. Dort kann man immer noch erkennen, dass die Brasileira ein Künstlertreff war, der geeignete Ort für die *tertúlias,* eine Art Künstlerstammtisch.

Pessoa auf den Fersen

Von der Esplanade mit dem Dichter in Bronze lohnt sich für Sie ein kurzer Weg durch die Rua Serpa Pinto bis zum Largo de São Carlos mit dem 1793 eingeweihten **Teatro São Carlos** 1, dessen neoklassizistische Fassade dem gleichnamigen Theater in Neapel nachempfunden ist. Das São Carlos hatte eine große Bedeutung für den Vater Fernando Pessoas. Neben seiner Arbeit im Justizministerium schrieb er auch Opernkritiken und konnte die Proben schon von seinem Zimmer aus hören, denn gegenüber, in dem **Haus mit der Nr. 4,** kam Fernando Pessoa am 13. Juni 1888 im vierten Stock zur Welt. Eine kleine Tafel am Eingang erinnert an den Geburtstag dieses nicht nur für die portugiesische Literaturgeschichte so bedeutenden Mannes, für den der Chiado sein kleines Dorf war. Fernando Pessoa lebte hier bis zu seinem fünften Lebensjahr; es war die wohl glücklichste Zeit seiner Kindheit. Nach dem frühen Tod des Vaters und nachdem die Mutter wieder geheiratet hatte, zog die Familie nach Südafrika um.

Wer etwas mehr Kultur möchte, kann das ein Stück weiter unten in der Rua Serpa Pinto gelegene, sehenswerte **Museu do Chiado** 2 besuchen, wo seit 1994, dem Jahr, als Lissabon Kulturhauptstadt war, vorwiegend portugiesische Kunst aus dem 19. Jh. gezeigt wird.

Ü ÜBRIGENS

Weltweit berühmt wurde der **Chiado,** als in den Morgenstunden des 25. August 1988 im Kaufhaus Grandella ein Feuer ausbrach. Betroffen waren 18 Gebäude des historischen Viertels, die von den Flammen zerstört oder stark beschädigt wurden. Portugals Stararchitekt Siza Vieira wurde mit dem Wiederaufbau beauftragt, er wählte die Strategie der Erinnerung. Ganz beendet sind die Arbeiten noch heute nicht, aber der Wiederaufbau bedeutete auch eine **Wiederbelebung dieses Viertels** zwischen Unter- und Oberstadt, heute eine lebendige Einkaufs- und Wohngegend, ein Musterbeispiel für eine kluge Architektur und die gelungene Balance zwischen Tradition und Moderne.

Stöbern, staunen, schlecken

Die **Rua Garrett** und die **Rua do Carmo** sind die zentralen Einkaufsstraßen im Chiado. Inzwischen dominieren auch in Portugal riesige Shoppingcenter, aber hier im Chiado gibt es neben den großen internationalen Marken wie Hugo Boss, H&M und Benetton immer noch einige portugiesische Geschäfte wie die **Buchhandlung Bertrand** 1 in der Rua Garrett 73, die einen Besuch auch wegen der Räumlichkeiten lohnt, oder gleich gegenüber ein kleiner Laden mit Kaffee, Tee und Schokolade aus aller Welt.

Am Ende der Rua Garrett, dort wo das vor allem bei Jugendlichen beliebte Modehaus Zara ist, gelangen Sie durch einen Durchgang in einen schön gestalteten **Innenhof.** Hier finden sich Cafés und auch ein Restaurant und man kann sehen, wie der Chiado architektonisch wieder belebt wurde. Wohnungen, Cafés, Büros wurden so geplant, dass ein lebendiges Viertel entstand.

Wenn Sie die Rua Garrett bis zum Ende gehen, kommen Sie zu den **Armazens do Chiado.** Hier findet sich neben vielen anderen Geschäften auch **FNAC** 2, die wohl preiswerteste Adresse für Elektronik, Musik, Video und Bücher. Gegenüber, in der Rua do Carmo Nr. 9 und im Sommer leicht an den langen Schlangen davor zu erkennen, ist das Geschäft der Familie **Santini** 2, die nach eigenen Angaben seit über 60 Jahren in Portugal für das beste Eis zuständig ist.

Durchaus auf großem Fuß lebten viele der feinen Damen und Herren, die einst über die Hauptschlagader des Chiado und durch die hier angesiedelten Edelboutiquen flanierten. Noch heute stößt man auf einige traditionelle Geschäfte, für die man einen etwas dickeren Geldbeutel braucht. Ihren Namen trägt die Rua Garrett seit 1880 zu Ehren des Dichters und Politikers Almeida Garrett, auf den die Gründung des nahe gelegenen Nationaltheaters zurückgeht.

Cityplan: Karte 3, D/E 4/5 | **Tram** M1, M4, M5, M6

INFOS/ÖFFNUNGSZEITEN

Museu do Chiado 2: Rua Serpa Pinto, 4, T 213 43 21 48, www.museuarte contemporanea.pt, Di–So 10–18 Uhr, Fei geschl., 4,50 €.

Elevador de Santa Justa 3: Sommer 7–23, Winter bis 22 Uhr.

Museu Arqueológico do Carmo 4: Largo do Carmo, www.museu arqueologicodocarmo.pt, Mo–Sa Mai–Sept. 10–18, Okt.–April 10–17 Uhr.

Igreja de São Roque 6: Largo Coelho Trindade, Metro oder Elevador da Glória, Mo 14–19, Di–So 10–18 Uhr.

KULINARISCHES FÜR ZWISCHENDURCH

Café A Brasileira do Chiado 1: Rua Garrett, 120, tgl. 8–2 Uhr.

Santini 2: Rua do Carmo 9, tgl. 11–24 Uhr.

Cervejaria da Trindade 3: Rua Nova da Trindade, 20 C, T 213 42 35 06, www.cervejariatrindade.pt, tgl. 10–1 Uhr, Fei geschl.

EINKAUFEN

Buchhandlung Bertrand 1: Rua Garrett, 73, Mo–Fr 9–19, Sa 9–13 Uhr.

FNAC 2: Rua Nova do Almada, 104, tgl. 10–22 Uhr.

Ein Bier auf eine Kirche ohne Dach

Von der Rua do Carmo aus gelangen Sie zu Fuß zurück durch die Rua Garrett oder mit dem **Elevador de Santa Justa** 3 zur **Carmo-Kirche.** Die Fahrt mit dem Aufzug lohnt auch wegen des schönen Blicks über die Baixa und das Castelo de São Jorge. Das große Erdbeben von 1755 kostete der Carmo-Kirche ihr Dach, das nicht wieder restauriert wurde. Heute hat sich hier das **Archäologische Museum** 4 eingerichtet. Ihre Besucher empfängt die Kirche mit Ruhe und viel Licht. Inmitten des städtischen Lärms kann man an diesem Ort sogar das Schlagen der Taubenflügel hören.

Der vor der Kirche gelegene **Largo do Carmo** war während der Nelkenrevolution am 25. April 1974 ein wichtiger Platz für Versammlungen. Heute kann man sich im Sommer auf einer der Esplanaden erfrischen und sich vom Einkaufsbummel erholen.

Vom Largo do Carmo nach oben gehend gelangen Sie zu dem 1867 gegründeten **Teatro da Trindade** 5, in dem eher leichte Kost angeboten wird, aber manchmal auch Konzerte stattfinden. Der Rua Nova da Trindade folgend kommt man zur **Cervejaria da Trindade** 3, einem der bekanntesten gastronomischen Orte Lissabons. 1836 wurde das Gebäude auf den Ruinen eines Klosters aus dem 13. Jh. als Brauhaus errichtet, kurze Zeit später wurde der Ausschank eröffnet. 1986, aus Anlass seines 150-jährigen Bestehens, bekam es den Status als Kulturerbe der Stadt verliehen. Umgeben von schönen *azulejos* wird hier vor allem Bier getrunken, das allerdings nicht mehr selbst gebraut ist, und *bife à Trindade* gegessen. Im Sommer bietet es sich an, einen Platz im Innenhof zu suchen. Trotz der Größe des Gebäudes müssen vor allem abends Wartezeiten eingeplant werden. Die Portugiesen sind dabei sehr geduldig – wo sich Schlangen bilden, schmeckt es offenbar.

Paris oder Lissabon? In der Tat erinnert die Stahlkonstruktion des Elevador de Santa Justa an den Eiffelturm. Doch nicht Gustave Eiffel, sondern Raúl Mesnier du Ponsard erbaute 1902 den Aufzug, der die Unterstadt mit dem Largo do Carmo verbindet. Schon die Fahrt in dem holzgetäfelten Lift ist ein Erlebnis. Nach ganz oben führt eine Wendeltreppe. Dort findet sich das Bella Lisa, eine italienische Restaurant-Bar, wo Schwindelfreie die fantastische Aussicht genießen können.

Am Ende der Rua Nova da Trindade ist der Largo de Trindade Coelho mit der Bronzefigur des Losverkäufers, einer bekannten Erscheinung auf Lissabons Straßen. Dort befindet sich auch die **Igreja de São Roque** 6, eine der interessantesten Kirchen der Stadt. Das von außen eher schlichte Bauwerk hat als kostbaren Besitz im Inneren die Kapelle São João Baptista, ein unvergleichliches Werk italienischer Kunst des 18. Jh. König Dom João bestellte diese Kapelle 1742 auf Bitten der Jesuiten in Rom, wo sie von den besten Künstlern der Zeit aus erlesenen Materialien gefertigt wurde. Nachdem Papst Benedikt XIV. sie 1744 in Rom gesegnet und dafür vom portugiesischen König die beachtliche Summe von 100 000 Cruzados erhalten hatte, wurde sie zerlegt und nach Lissabon verschifft. 1747 kam sie zusammen mit den Künstlern, die sie erschufen, in Portugal an. Zwei Jahre später war die Kapelle wieder aufgebaut.

Hoch über der Stadt – **das Castelo de São Jorge**

2

Es ist ein einzigartiger Blick: Auf einem der sieben Hügel Lissabons steht das Castelo de São Jorge, von dem das Auge über die Alfama, die Unterstadt und den Tejo gleitet. Allein dafür kommt man hierher. Doch der Ort weiß auch viel über die Stadt und ihre Geschichte zu erzählen, denn auf dem Burghügel nahm die Stadtentwicklung Lissabons ihren Anfang.

Im Jahre 1789, knapp 40 Jahre nach dem ebenso furchtbaren wie berühmten Erdbeben, schreibt der dänische Geheimrat J. P. Texier: »Eine ausgedehnte Aussicht findet man auf dem Gipfel des Berges, wo das Schloss des heiligen Georg steht. Dies ist der höchste Punkt der Stadt, welcher mitteninne liegend alle Seiten beherrscht. Das Schloss ist sehr alt und seine Werke sind in den

Ein wahrhaft zeitloser Ausblick: Schon seit dem Mittelalter schaut man von diesen Zinnen des Castelo de São Jorge auf die Stadt.

Fast ein bisschen angsteinflößend: Detail eines Brunnens auf dem Castelo de São Jorge

Bürgerkriegen sowohl als in den Kriegen mit Spanien immer eine gute Verteidigung gewesen.«

Zu verteidigen gibt es hier nichts mehr, die Aussicht über den Tejo und die Dächer der Stadt vom 120 m hohen Schlosshügel ist aber nach wie vor beeindruckend.

Wo alles begann

Hier oben auf dem **Castelo de São Jorge 1**, das seit 1910 Nationaldenkmal ist, befindet sich der älteste Kern der Stadt, seit dem 14. Jh. wird er São Jorge genannt. Den Namen verdankt er dem Kriegsruf der Engländer, die Dom João I. in den Kriegen gegen Kastilien zu Hilfe eilten. Ausgrabungen auf dem Schlosshügel zeigen, dass schon im 6. Jh. v. Chr. hier eine Ansiedlung war. Eine Burg entstand aber erst im 10. oder 11. Jh., als Lissabon unter maurischer Herrschaft stand, die mit dem Sieg von Dom Afonso Henriques, dem ersten König Portugals, 1147 in Lissabon zu Ende ging.

Umschlossen von der aus dem Mittelalter stammenden Schlossmauer befinden sich im Inneren die Überreste der einstigen Königsresidenz,

INFOS/ÖFFNUNGSZEITEN

Castelo de São Jorge 1: www.castelodesaojorge.pt, Nov.–Feb. tgl. 9–18 Uhr, März–Okt. tgl. 9–21 Uhr (das Museum, der Torre de Ulisses und die Kassen schließen jeweils eine bzw. eine halbe Stunde früher), 8,50 € Eintritt. Der **Núcleo Arqueológico** ist zu denselben Öffnungszeiten wie das Castelo frei zugänglich.

Cityplan: J/K 6 | Tram 28

KULINARISCHES FÜR ZWISCHENDURCH

Restaurante Casa do Leão 1: Die Küche ist traditionell portugiesisch, *bacalhau* (Stockfisch), Meeresfrüchte, Lamm und Schwein. Alles wird sehr gut zubereitet. Auch Vegetarier müssen den Ort nicht scheuen, denn auf der Karte finden sich einige gute Gerichte ohne Fleisch oder Fisch (T 218 87 59 62, tgl. 12.30–15 und 20–22.30 Uhr, für Abendessen ist eine Reservierung nötig, Menü etwa 38 €).

hier wohnten bis ins 16. Jh. die portugiesischen Herrscher. Umgeben ist die Anlage von zehn Wehrtürmen. Schloss und Schlosshügel wurden bei dem Erdbeben von 1755 stark beschädigt, heute befindet sich die Anlage nach ihrer Restaurierung in sehr gepflegtem Zustand.

»Das ist doch...!« Nein, es ist nicht die Golden Gate Bridge, sondern die Ponte do 25 de Abril, die sich vom Miradouro de São Jorge wunderbar betrachten lässt.

Lage, Lage, Lage

Den Weg hinauf zum Castelo de São Jorge sollten Sie allein schon wegen der hervorragenden Aussicht machen. Zudem eröffnet sich hier eine gute Orientierung über die Stadt. Man sieht die **Ponte do 25 de Abril,** die gewaltige, an die Golden Gate Bridge erinnernde Brücke über den Tejo, die in 70 m Höhe Lissabon mit Almada verbindet. Nach vier Jahren Bauzeit wurde sie am 6. August 1966 freigegeben. Die Brücke mit ihren 3222 m Länge und vier Spuren reichte allerdings für den Großstadtverkehr der vergangenen Jahre längst nicht mehr aus. Sie wurde daher um zwei Spuren und eine Eisenbahntrasse darunter erweitert. Seit 1999 fließt der Verkehr nun etwas besser, in den Stoßzeiten aber noch lange nicht gut.

Südlich des Tejo, schon in Almada, erhebt sich das **Cristo-Rei-Monument.** Seine Erbauung verdankt es einem Gelübde, das am 20. April 1940 in Fátima gegeben wurde: Sollte Portugal nicht in den Zweiten Weltkrieg verwickelt werden, würde man diese Statue errichten. Und so kam es: Das 109 m hohe Denkmal wurde am 17. Mai 1959 eingeweiht. Mit dem Aufzug kann man auf die Aussichtsterrasse gelangen und von dort aus die fantastische Rundumsicht genießen.

Blickt man vom Schloss aus in westlicher Richtung, sieht man über die Baixa und den Chiado bis hin zum Monsanto-Park. Und von hier erkennt man auch die Türme des **Amoreiras Einkaufscenters,** das so etwas wie das Symbol des modernen Lissabon geworden ist. 1985 wurde das von dem Lissabonner Architekten Tomás Taveira erbaute Zentrum eröffnet, und seitdem fressen sich die postmodernen Bauten in die angrenzenden Stadtteile. Hans Magnus Enzensberger beschreibt es als das Werk eines terroristischen Kindergartenonkels, der da seine bunten Bauklötzchen aufeinandertürmt. Die Lissabonner aber mögen es und strömen zu Tausenden in die Geschäfte, Restaurants und Kinos dieses

Ü ÜBRIGENS

Shoppingcenter statt Strand? Zumindest viele portugiesische Jugendliche entscheiden sich im Zweifelsfall für Ersteres. **Einkaufszentren** sind für die Lissabonner fast so etwas wie ein Freizeitpark. Die Läden sind fast immer gleich, aber ganze Familien verbringen ihre Wochenenden dort, treffen sich zum Kaffee oder gehen ins Kino und in die Restaurants. Leidtragende sind der Einzelhandel und die kleinen Läden in den Stadtteilen, die allmählich verschwinden. Die portugiesischen Shoppingcenter sind europaweit in Mode, auch in Berlin findet sich bereits eines davon.

Ein Stelldichein unter vier Augen? Nicht, wenn Ihnen einer der vielen Pfaue, die frei im Parkgelände unterwegs sind, über den Weg stolziert. Eine Augenweide!

postmodernen Glaspalastes. Da seine Ausmaße noch überschaubar sind, wirkt es recht angenehm. Richtig in Mode sind aber vor allem das Centro Comercial Colombo in Benfica und das Centro Comercial Vasco da Gama im Parque das Nações.

Hier hätte auch Odysseus gerne gespeist

Bei einem Rundgang auf dem Schlosshügel sollte man einen Abstecher zum **Torre de Ulisses,** dem Odysseus-Turm, machen. Der Sage nach soll Odysseus der Gründer der Stadt sein. In dem Turm gibt es das einzige Periskop des Landes, das einen Rundumblick über die Stadt ermöglicht.

Im Inneren des Schlosses findet sich auch ein hervorragendes Restaurant, die **Casa do Leão** ❶, das Löwenhaus. Seinen Namen verdankt dieses Restaurant den Räumlichkeiten, hier wurden früher die wilden Tiere untergebracht. Bei schönem Wetter lässt sich sehr stilvoll mit wunderbarer Aussicht draußen dinieren. Die portugiesische Küche dort ist ausgezeichnet, schließlich gehört das Restaurant zu den ›Pousadas‹, den staatlichen Hotels des Landes. Ein nicht ganz preiswertes, aber sicheres Vergnügen.

Geschichte statt Autos

Eigentlich sollte ja ein Parkplatz entstehen, aber als 1996 mit den Arbeiten begonnen wurde, stieß man alsbald auf wichtige Funde. Seit März 2010 ist der **Núcleo Arqueológico** zu besichtigen: Er zeigt eindrucksvoll die Geschichte des Burghügels, von der Eisenzeit und den aufeinanderfolgenden Besiedlungen, der Zeit der maurischen Herrschaft und der Entstehung des Schlosses. Vor allem die maurische Zeit rückt so wieder etwas mehr in den Blickpunkt, ihr Einfluss war enorm: Die Mauren tolerierten die Religionen von Christen und Juden und unterdrückten nicht einmal deren Sprache. Bald schon übernahmen die Mozaraber, an die arabische Zivilisation angepasste Christen, die technischen und kaufmännischen Fertigkeiten der Araber. Den intensiven Anbau von Oliven, Mandeln, Feigen und anderen landwirtschaftlichen Produkten verdankt man den Mauren ebenso wie Verbesserungen im Fischfang und beim Schiffsbau.

▶ LESESTOFF

Die mittelalterliche Welt des Islams und des Christentums hat José Saramago in seiner **Geschichte der Belagerung von Lissabon** beschrieben. Große Fiktion und historischer Roman. Ideal für eine entspannte, spannende Lektüre in historischem Ambiente auf dem Schlosshügel.

Die Seele des Fado – **im maurischen Viertel Alfama**

#3

Nach einem Spaziergang durch die engen Gassen der Alfama versteht man sie ein wenig besser: Die Lieder von unerfüllter Sehnsucht, Abschied, Trauer und Leid, die des Nachts in den Fado-Restaurants erklingen. Doch Fado ist mehr als nur traditionelle portugiesische Musik, es ist ein Lebensgefühl. Und das lässt sich auch am Tage in der Alfama erspüren.

Es ist das reinste Vergnügen, sich im bunten Gassenlabyrinth der Alfama zu verlaufen. Noch viel stärker spürt man hier das maurisch geprägte Lissabon als zum Beispiel im alten, und inzwischen recht ordentlich sanierten, Viertel Mouraria. Dieses war ab dem Jahr 1179 der arabischen Bevölke-

Mario Pacheco, Gitarrist und Besitzer des Clube do Fado, lässt Weltschmerz schön klingen.

Cityplan: K/L 6/7 | **Tram** 28, **Bus** 728

INFOS/ÖFFNUNGSZEITEN

Mit dem **Museu do Fado** 1 hat Lissabon seit 1998 ein Museum, das sich ganz dem Fado verschrieben hat. Beim Rundgang durch nachgestellte Orte, an denen diese so typischen Lieder gesungen wurden, lernt man viel über die Fado-Kultur, die inzwischen schon reif für das ebenso kurzweilige und attraktive Museum geworden ist (Largo do Chafariz de Dentro, www.museudo fado.pt, T 218 82 34 70, Metro Santa Apolónia, Bus 728, 735, 759, 794, Di–So 10–18 Uhr, 5 € Eintritt).

EINKAUFEN

Feira de Ladra 1: Campo de Santa Clara, Di, Sa 7–18 Uhr.

FADO HÖREN

In recht edler, passend zur Musik getragener Umgebung können Sie im **Clube de Fado** 1 im Herzen der Alfama ausgezeichnete Musiker und Sänger beim Fado erleben. Die Küche ist traditionell portugiesisch. Leider kein ganz preiswertes Vergnügen (Rua de S. João da Praça, 92-94, T 218 85 27 04, www.clube-de-fado.com, Bus: 37, Tram: 12, 28, tgl. 20–2 Uhr, 45 €).

Argentina Santos, die 1926 geborene Besitzerin des Lokals **Parreirinha de Alfama** 2 gilt als eine der letzten traditionellen Fado-Sängerinnen, des *fado castiço.* Sie selbst zieht sich zwar zurück, doch ausgezeichnete Musik (ab 21.30 Uhr) und traditionelle portugiesische Gerichte wie Seeteufel-Reis oder Zicklein im Ofen und Wein sind hier immer noch selbstverständlich. Reservierung dringend empfohlen (Beco do Espírito Santo, 1, T 218 86 82 09, Bus: 728, 735, 745, 759, 794, tgl. 20.30–2.30 Uhr, 35 €).

rung vorbehalten und wird heute vor allem in den Liedern der Fado-Sänger wehmütig besungen. Die verwinkelte Alfama hingegen überstand das große Erdbeben einigermaßen unbeschadet und zeigt neben den maurischen auch jüdische Einflüsse: So erinnert die **Rua de Judiaria** beispielsweise an das ehemalige Judenviertel. Die Alfama erstreckt sich vom Hauptplatz, dem Largo do Chafariz de Dentro, in dessen Nähe sich einige Fado-Lokale befinden und wo nun auch diese Lieder ein eigenes Museum (**Museu do Fado** 1) haben, bis zum Largo de São Vicente und zum Schloss.

Die Guitarra Portuguesa, die portugiesische Gitarre, ist eine echte Lissabonnerin. Sie ist rund ein Drittel kleiner als die herkömmlichen Gitarren und treue Begleiterin der Fado-Sänger.

Vertraute Fremde

Häufig wurde das traditionelle Viertel von Reisenden enthusiastisch beschrieben. Der portugiesische Literaturnobelpreisträger José Saramago aber war sich sicher, dass Fremde die Gassen der Alfama noch so häufig besichtigen, durchwandern und fotografieren können ihr Geheimnis und ihre Eigenarten werden sie dennoch nicht kennen- oder verstehen lernen. Zumal sich das Viertel zunehmend verändert und seine Ursprünglichkeit nach und nach verliert.

Von einigen der alten Häuser stehen heute nur noch die Fassaden. Dahinter wurde die dringend notwendige Renovierung umgesetzt. Das Viertel ist beliebt, hier wird luxuriös saniert, ohne das Erscheinungsbild zu beeinträchtigen. In Zeiten von Airbnb und einem Ansturm von Touristen wie

Bunt, bunt, bunt sind alle meine Häuser: Das Lissabonner Licht bringt die Farben der Alfama zum Leuchten.

in den letzten Jahren werden hier allerdings die alten Strukturen sehr zum Ärger der Einwohner verdrängt. Noch aber findet der Spaziergänger in der Alfama viele kleine Läden und Restaurants, in denen man (relativ) preiswert gegrillte Sardinen und Wein serviert bekommt. Mit den alten Einwohnern sterben aber allmählich auch diese kleinen, *tasca* genannten Kneipen.

Heilige und Heimlichkeiten

Unweigerlich kommen Spaziergänger auf ihrem Zickzackkurs durch die Alfama an einigen Orten vorbei, die Aufmerksamkeit verdienen. Die Kirche **São Vicente de Fora** 2 am gleichnamigen Largo gelegen, wurde mit ihrer klassischen Fassade und den schönen Stufen zu Ehren des heiligen Vinzenz, dessen Gebeine aus einem Boot vor der stürmischen Küste der Algarve gerettet worden sein sollen, erbaut. Die Urne mit der Asche des Heiligen befindet sich heute in der Kirche.

Eines der schönsten Bauwerke des 17. Jh. ist die ehemalige Kirche **Santa Engrácia** 3 am Campo de Santa Clara. Das barocke Bauwerk wurde ab dem Jahr 1630 errichtet. Als in der Kirche einige wertvolle Heiligtümer gestohlen wurden, verhaftete man den Juden Simão Pires und verbrannte ihn bei lebendigem Leib. Es stellte sich aber heraus, dass er unschuldig war und lediglich geschwiegen hatte, um sein Verhältnis zu einer Nonne zu verbergen. Daraufhin wurde die Kirche geschlossen und kurz darauf das neue Gotteshaus errichtet, das aber erst 1966 fertiggestellt und gleichzeitig zum nationalen Pantheon erklärt wurde.

Seit 1881 findet auf dem Campo de Santa Clara die berühmte **Feira de Ladra** 1 (Diebesmarkt) statt. Auf diesem Markt wird man allerdings wenig Antiquitäten, dafür aber viele alte Sachen und Trödel finden. Bestimmt wird dieser fröhliche und gut besuchte Markt von den lautstarken Musikproben der CD-Verkäufer. Auch Kleidung und Schuhe werden hier preiswert angeboten.

Inmitten der Alfama liegen noch zwei weitere sehenswerte Kirchen: Zum einen das am Largo de São Miguel nach dem Erdbeben 1755 erbaute Gotteshaus **São Miguel** 4. Und zum anderen lohnt wegen der schönen *azulejos* auch ein Besuch der Kirche **Santo Estévão** 5 am gleichnamigen Platz.

F
FADO

»Den **Fado** kann man nicht unterrichten, aber man kann ihn erlernen«, sagt Carminho, eine der bekanntesten »neuen Stimmen« des Fado. Im Fado, heißt es, findet die Schwermut der portugiesischen Seele ihren tiefsten Ausdruck. Die meist traurigen Lieder, die seit 2011 zum Weltkulturerbe zählen, handeln von unerwiderter Liebe, hoffnungsloser Sehnsucht *(saudade)* und der alltäglichen Misere in der Mouraria oder der Alfama. Ursprünglich stammt der Fado aus Brasilien und kam mit der Rückkehr des portugiesischen Königshofs 1823 von dort nach Portugal. Erst Ende der 1920er-Jahre entwickelte sich der Lissabonner Fado in den ärmeren Vierteln so, wie wir ihn heute noch hören können. In den Straßen der Alfama begann auch die Karriere der legendären, 1999 verstorbenen Fado-Sängerin Amália Rodrigues.

Lissabons Nekropole – **der Prazeres-Friedhof**

#4

»Abandonado« steht an einigen Gräbern. Aufgegeben. Tief dringt der Blick in diese verfallenden Bauten auf dem Prazeres-Friedhof. In diesen Momenten kann der Gang durch die Stadt der Toten zu einem gruseligen Erlebnis werden. Doch dann wieder entdeckt man Vertrautes, zutiefst Menschliches. So sind die ›Jazigos‹, wie die monumentalen Grabbauten heißen, durchnummeriert wie die Häuser in der Stadt. Und das passt dann wieder ganz zum bürgerlichen Wohnviertel Campo de Ourique, in dem der Prazeres liegt.

Lust auf ein zeitgeschichtliches Museum unter freiem Himmel? Dann rumpeln Sie mit der Straßenbahn 28 bis zur Endhaltestelle, der Praça

Engel haben es auch nicht immer leicht. Mit nachdenklichem Blick schuf ein Künstler diese Skulptur auf dem Prazeres-Friedhof.

S. João Bosco, zum Friedhof Prazeres. 1833 befand sich Lissabon im Würgegriff einer Cholera-Epidemie, die Menschen starben so schnell, dass die Stadtoberen gleich zwei neue Friedhöfe anlegen ließen. Und da in diesem Teil die wichtigsten Familien der Stadt residierten, wurde der **Prazeres-Friedhof** 1 zu einem steinernen Monument der zeitgenössischen Geschichte.

Der Ausdruck »Stadt der Toten« passt. Es gibt ›Straßenzüge‹ der Mausoleen, die auch noch Hausnummern tragen.

Museum im Museum

Am Eingang des Cemitério dos Prazeres fällt Ihnen sofort das **Núcleo Museológico,** ein kleines Museum (Di–So 9.30–16 Uhr), ins Auge. Alle zum festen Bestand gehörenden Ausstellungsstücke stammen von dem Friedhof, aus verfallenen und aufgegebenen Gräbern. Im ersten Stock finden sich thematische Abteilungen, die zeigen, wie man sich in der Welt der Toten zurechtfinden wollte.

Stadtspaziergang der anderen Art

Wer sich auf einen Spaziergang über den Prazeres-Friedhof begibt, wird viel Vertrautes entdecken: Es gibt Straßennamen und auch die Häuser der Toten sind nummeriert. Die meisten der Grabhäuser sind gepflegt und gut erhalten, aber immer wieder trifft man auch auf eingefallene Mausoleen, die einen recht gruseligen Eindruck hinterlassen.

Unbedingt ansehen sollten Sie sich das **Mausoleum des Pedro de Sousa Holstein,** den Jazigo Palmela, an der Nordseite des Friedhofs. Sousa Holstein (1781–1850) war ein bedeutender portugiesischer Politiker und Diplomat, der Portugal auch auf dem Wiener Kongress im Jahr 1815 vertrat. Das 1849 erbaute Mausoleum ist das größte private Mausoleum Europas, 200 Menschen sind dort bestattet, die, mit Ausnahme von zwei Geistlichen, alle derselben Familie angehören. Von außen ist das Gebäude einem Freimaurertempel nachempfunden. In der Kapelle im Inneren finden sich Statuen bedeutender Künstler.

Ü ÜBRIGENS

Portugiesisch-Kundige stutzen wohl beim Namen des 1835 gegründeten **Friedhofs** erst einmal. Doch dieser hat nichts mit ›Vergnügen‹ *(prazeres)* zu tun: Hier fand sich früher die Kapelle zu Ehren der **Nossa Senhora dos Prazeres,** die dann auch der Totenstadt den Namen gab.

Ruhestatt für Künstler

Der Friedhof ist nicht nur den bedeutenden Familien der Stadt vorbehalten, auch Künstler werden hier beerdigt, ihnen ist der *talhão dos artistas* gewidmet. Dazu gehörte natürlich auch Portugals

INFOS/ÖFFNUNGSZEITEN

Prazeres-Friedhof 1: Praça S. João Bosco, Mai–Sept. 9–18, Okt.–April 9–17 Uhr.

PAUSE IN CAMPO DE OURIQUE

Im angrenzenden Viertel lädt das **O Comilão 1** ein, das freundliche und beliebte Stadtteil-Restaurant mit guter portugiesischer Küche. Die Wände hängen voller Fotos bekannter Persönlichkeiten, die sich hier zum Essen trafen und treffen. Senhor Cardoso ist ein aufmerksamer Chef und die Kunden bleiben ihm treu (Rua Tomas Da Anunciação, 5 A, T 213 96 26 30, Tram: 28, tgl. 12–16, 19–23 Uhr, Menü ca. 15 €).

Cityplan: D 6 | **Tram** 25, 28, **Bus** 701, 709, 718, 774

berühmteste Fado-Sängerin, Amália Rodrigues, die aber inzwischen im Pantheon ruht. Auch Fernando Pessoa war hier in einem schlichten Grab beerdigt, bevor er 1985 seine letzte Ruhestätte im Jerónimo-Kloster fand.

Die Gedenksteine für die Künstler sind schlicht gehalten, hier finden sich die Gräber des berühmten portugiesischen Gitarristen Carlos Paredes, des Dichters Cesário Verde und des Schriftstellers José Cardoso Pires. Im September 2009 wurden die sterblichen Überreste des bedeutenden Literaten und Intellektuellen Jorge de Sena von Kalifornien hierhin überführt. Sena war 1978 in den USA verstorben, wo er im Exil gelebt hatte.

Wenn Sie die Straßenbahn 28 an sich vorbeiquietschen hören, sind Sie auf dem richtigen Weg ins ursprüngliche Wohngebiet Campo de Ourique.

→ UM DIE ECKE

Nach dem Besuch des Friedhofs können Sie den **Spaziergang im Wohnviertel Campo de Ourique** fortsetzen. Folgen Sie einfach den Schienen der Tram, dann kommen Sie direkt in dessen Zentrum. Es ist eines der letzten *bairros,* in dem die Menschen noch leben und arbeiten, eine kleine Welt für sich. Inzwischen werden immer mehr von den um 1930 entstandenen alten Häusern abgerissen und extrem teure Luxuswohnungen an ihrer Stelle erbaut. Aber immer noch können Sie eine Reihe von interessanten Geschäften und zahlreiche kleine Restaurants und Cafés finden.

#5 Im Rhythmus der Nacht – **Bairro Alto**

In milden Sommernächten kann die Party unter freiem Himmel schon mal bis in die Morgenstunden gehen. Nicht nur die Jungen strömen ins Bairro Alto, sobald sich der Tag dem Abend zuneigt. In den engen Gassen, in denen sich Bars, Restaurants und Geschäfte knubbeln, herrscht dann reges, aber entspanntes Treiben. Denn Autos müssen abends draußen bleiben.

Abends, wenn das Bairro Alto für den Straßenverkehr gesperrt ist, stolpert man an jeder Ecke über kleine Gruppen, die ihre Instrumente auspacken und gemeinsam Musik machen.

Am besten Sie verschaffen sich erst mal einen Überblick: Von der Avenida da Liberdade fährt die Kabelbahn, **Elevador da Glória** 1, den Hügel hinauf ins Bairro Alto. Oben angekommen, wenden Sie sich gleich nach rechts zum **Miradouro São Pedro de Alcântara** 2, von wo Sie eine wunderbare Aussicht über die Stadt und auf das Schloss haben. Gegenüber diesem kleinen

Garten lädt dann der **Solar do Vinho do Porto** 1 zu einem Aperitif ein. In gediegener Atmosphäre kann man sich hier seit 1946 mit der großen Vielfalt des Portweins vertraut machen und sich angenehm entspannen, bevor man in den Abend startet. Es empfiehlt sich aber, nicht gleich alle 300 Sorten zu probieren.

Das **Bairro Alto** gehört zu den alten Stadtteilen. Seine engen Gassen haben sich bis heute erhalten, da das Erdbeben und die später einsetzende Modernisierungswut hier oben fast keinen Schaden anrichteten. Bis zu den Zeiten des Marquês de Pombal, der hier aufwuchs und wohnte, war das Bairro Alto ein nobles Viertel. Die vielen Villen und Stadtpaläste mit ihren Gärten zeugen noch heute davon. Da sich die Stadt Ende des 18. Jh. immer mehr ausdehnte, gehört das Bairro Alto zu den zentralen Vierteln. Im 19. Jh. zogen hier die Zeitungen ein, der Name der Straße **Diário de Notícias** erinnert daran.

Mit der Ansiedlung der Zeitungen und Druckereien begann auch das bis vor nicht allzu langer Zeit als anrüchig geltende Nachtleben mit vielen Bars, *tascas* und preiswerten Lokalen. Nahezu allen architektonischen Neuerungen hat dieses Viertel bis heute getrotzt. Im Sommer 2003 ließ Lissabons Bürgermeister endlich einige Straßen des Viertels für den Autoverkehr sperren. Dadurch hat das Bairro Alto insgesamt sehr gewonnen, denn wo früher Autos den Spaziergängern das Leben schwer machten, stehen jetzt Tische zum Speisen und Feiern im Freien.

Ü ÜBRIGENS

Offen für Neues? Eine der interessantesten Kulturstätten findet sich in der Rua da Barroca, 59, inmitten des Bairro Alto: die **Galeria Zé dos Bois (ZDB)** 3**.** Von Theater über modernen Tanz bis hin zu experimenteller und elektronischer Musik wird hier alles geboten. Das ZDB hat ein Stammpublikum, das mit dem Mainstream im Kulturbetrieb wenig am Hut hat. Und wer nicht nur zuschauen und -hören möchte, kann bei den regelmäßig stattfindenden Diskussionsrunden auch selbst mitreden.

Tischlein, deck dich!

Zum Abendessen hat man im Bairro Alto die sprichwörtliche Qual der Wahl: Da sind das sympathische **Restaurant 1° de Maio** 2, ein beliebter Treffpunkt für Schauspieler und Journalisten. Die Einrichtung geht zwar nicht unbedingt als stylish durch, aber hier zählt die Atmosphäre. Auch im **As Salgadeiras** 3 stimmt das Ambiente, in der früheren Bäckerei wurde vieles so belassen. Aber warum sollte man nicht ins typische **Bota Alta** 4 gehen, das hier schließlich eine feste Größe ist und wo so mancher Künstler sein Mahl schon mit einem Bild bezahlte? Wer bis kurz vor 20 Uhr da ist, bekommt normalerweise

INFOS/ÖFFNUNGSZEITEN

Beste Tage: Mi–Sa ist im Bairro Alto am meisten los. Doch auch dann beginnt die Nacht so richtig erst ab Mitternacht. Reizvoll ist das Viertel aber auch am Tage bei einem Spaziergang durch seine engen und malerischen Gassen.
Galeria Zé dos Bois 3: Rua da Barroca, 59, T 213 43 02 05, www.zedosbois.org, Mo–Sa 19–23 Uhr.

KULINARISCHER START

Solar do Vinho do Porto 1: Rua São Pedro de Alcântara, 45, Mo–Fr 11–24, Sa 14–24 Uhr.

1° de Maio 2: Freundliches Restaurant im Bairro Alto, das immer wieder mal in Mode ist. Die typische Landesküche wird serviert. Der Wirt kennt seine Gäste; wer mehr als zweimal kommt, wird garantiert wiedererkannt und begrüßt (Rua da Atalaia, 8, T 213 42 68 40, Mo–Fr 12–22.30, Sa 19–22.30 Uhr, Menü um 22 €).
As Salgadeiras 3: Tradition trifft Moderne in diesem feinen Restaurant mit portugiesischer Küche. Und die Weinliste ist lang: Mehr als 150 Tropfen gibt es (Rua das Salgadeiras, 18, T 213 42 11 57, tgl. 19.30–24 Uhr, Menü ca. 35 €).
Bota Alta 4: Ein auch von Touristen viel besuchter Klassiker im Bairro Alto. Serviert wird die typische Küche Portugals, dazu gibt es gute Weine. Man sollte frühzeitig kommen, da das Restaurant sehr beliebt ist (Rua da Atalaia, 122, T 213 42 79 59, Mo–Fr 12–14.30, 19–22.30, Sa 19–22.30 Uhr, Hauptspeise etwa 20 €).
Cultura do Hambúrguer 5: Früher wurde hier die Tee-Kultur gepflegt, nun ist die Hamburger-Kultur eingezogen. Nicht für alle ein kultureller Abstieg, wie die Besucherzahlen zeigen (Rua das Salgadeiras, 38, T 213 43 02 72, Di–Sa 12–15.30, 18.30–24 Uhr).

FEIERN

Kitsch'n Bairro Alto 1: Rua da Atalaia, 91, Sa–Do 19–2, Fr 19–3 Uhr.
Frágil 2: Hier fing einst das Lissabonner Nachtleben so richtig an. Und immer noch trifft sich in diesem Club die Szene – Journalisten, Schriftsteller und Schauspieler. Der Klassiker im Bairro Alto wurde häufig totgesagt, ist aber immer wieder auferstanden – stets in einem neuen Outfit. In dem allerdings etwas beengten Ambiente kann man sich sowohl bei Livekonzerten als auch durch die DJs musikalisch sehr gut auf dem Laufenden halten (Rua da Atalaia, 126, Di–So 22.30–4 Uhr).

Cityplan: H 6/7 | **Metro** Restauradores, Baixa-Chiado

gleich einen Platz, wer später kommt, muss sich in die Schlange vor dem Restaurant einreihen und etwas Wartezeit einplanen.

Erst mal einen Kaffee

Nach dem Essen wird es für die portugiesische Nacht noch recht früh sein. Ein Bummel durch die verwinkelten Gassen bietet sich an, vorbei an den Schleppern der Fado-Lokale, in die die Besucher oft gleich aus den Bussen dirigiert werden. Die Qualität dieser Lokale ist gewiss nicht schlecht und die Musik sehr traditionell. Doch sollte man mit einem hohen Mindestkonsum rechnen. Und den *fado vadio*, also so etwas wie den Straßen-Fado, findet man im Bairro Alto schon lange nicht mehr.

Bevor die Nacht so richtig beginnt, zieht man vielleicht dann doch lieber einen kleinen Spaziergang durch die Rua da Atalaia vor, am Elevador da Bica vorbei zum **Miradouro Santa Catarina** 4, um dort den obligatorischen Kaffee nach dem Essen zu trinken. Schon seit 1883 gibt es diesen Aussichtspunkt. Sein Zentrum bildet die Statue des mythologischen Wesens Adamastor aus blauem Marmor. Einst der Schrecken der Seefahrer, wirkt er hier wie der Wächter des Tejo.

Atemlos ...

Je später der Abend, desto voller wird es im Bairro Alto. Scharen von meist jüngeren Lissabonnern ziehen dann durch die Straßen. Für einen gelungenen Start in den Feierabend empfehle ich das **Kitsch'n Bairro Alto** 1. Um 19 Uhr, wenn es öffnet, ist noch nicht viel los. Aber irgendwann fängt die Livemusik an, die Caipirinhas schmecken gut, und getanzt wird auch. Und auf dem späten Nachhauseweg kann man wieder vorbeischauen, dann ist es wahrscheinlich brechend voll. Öffnungszeiten haben hier symbolischen Wert.

Gegen Mitternacht lohnt schon ein Blick ins **Frágil** 2, ebenso in der Rua da Atalaia gelegen. Richtig voll wird es in dieser immer noch topaktuellen Diskothek allerdings erst ab zwei Uhr. Wer sich zur Kulturszene rechnet – vom Filmemacher bis zum Musiker und Kulturkritiker –, muss sich hier ab und zu blicken lassen, denn das gehört einfach dazu.

Die Restaurants im Bairro Alto sind nach 20 Uhr in der Regel voll. Von Warteschlangen sollte man sich jedoch nicht einschüchtern lassen, sondern es wie die Portugiesen halten: Wo Leute auf einen Tisch warten, muss es schmecken! Also geduldet man sich, bis ein Plätzchen frei wird. Ach, noch was: Kein Wirt käme auf die Idee, seine Gäste zu drängen, schneller zu essen...

F
FEIERN

Wem das Bairro Alto zu vorgerückter Stunde zum weiterfeiern nicht mehr genügen sollte, der kann sich durch die Rua do Alecrim auf den Weg zu den Nachtbars am **Cais do Sodré** aufmachen oder sich von dort weiter zu den allerneuesten Diskotheken in der **Rua 24 de Julho** und zu den **Docas** ans Tejo-Ufer begeben, dort wird garantiert bis zum frühen Morgen getanzt und gefeiert. Und Schlafen kann man doch schließlich auch zu Hause.

#6

Mr. Five Percent geht stiften – **die Gulbenkian-Stiftung**

Dem sagenhaften Reichtum des in Konstantinopel geborenen Calouste Sarkis Gulbenkian verdankt sich die Stiftung in seinem Namen, die sich zu einer der wichtigsten Kulturinstitutionen des Landes entwickelte. In Zeiten der Diktatur war es ihre Kulturarbeit, die zum Wegbereiter eines demokratischen Portugal wurde.

Mitten im hupenden Verkehr rund um die Avenida de Berna liegen die Gärten und Gebäude der **Gulbenkian-Stiftung** 1, eine der weltweit reichsten privaten Kulturstiftungen. Noch während der Diktatur war diese Stiftung für Portugal von enormer Bedeutung, sie war so etwas wie eine Kulturoase in dem kleinen Land. Die zu ihr

Diese Dame hat sich ziemlich gut gehalten für ihr Alter: Die Diana aus Marmor von Jean-Antoine im Museum Calouste Gulbenkian stammt aus dem Jahr 1780.

gehörenden fahrenden Bibliotheken brachten Literatur und damit oft auch die Alphabetisierung bis in die entlegensten Provinzen des Landes, die Kulturarbeit der Stiftung insgesamt war unabhängig und ein wesentlicher Bestandteil demokratischer Bestrebungen in Portugal.

Einen Besuch dieser Stiftung können Sie mit einem kleinen Spaziergang durch den 2002 renovierten Gulbenkian-Garten oder dem Besuch des **Museum Calouste Gulbenkian** 2 beginnen. Der Bestand des Museums verdankt sich der Kunstliebe und Leidenschaft eines Mannes, der einst der Reichste der Welt war.

Auge in Auge mit Edgar Degas, wie er sich selbst im Jahr 1863 sah und malte. Das war lange, bevor der in Paris geborene Künstler des Impressionismus begann, sein Augenlicht zu verlieren. In seinen letzten Lebensjahren war er beinahe blind, weshalb er die Malerei aufgeben musste.

Ein kleiner großer Mann

Als »Mr. Five Percent« ging Calouste Sarkis Gulbenkian in die Geschichtsbücher ein: Bei den größten Erdölfirmen seiner Zeit hielt er fünf Prozent. Geboren wurde er am 29. März 1869 in Istanbul, damals Konstantinopel. Die Familie gehörte zum armenischen Volk, und die Armenier gelten als geschickte Händler und Diplomaten. Der junge Gulbenkian soll auf den Schultern eines Bediensteten zur Schule getragen worden sein, der lautstark verkündete: »Platz da, hier kommt der Sohn des Calouste, der beste Schüler der Schule.«

Und so war es dann auch. Sein Studium führt ihn ans King's College in London, er beendet es mit einer Arbeit über Erdöl. Schnell hat der nur 1,60 m messende Gulbenkian Erfolg, und früh erwacht die Leidenschaft für die Kunst. Sein palastähnliches Haus in Paris verwandelt sich in ein kleines Museum für seine ›kleinen Lieblinge‹, die Kunstwerke: Heute ist es eine Zweigstelle der Stiftung. Während des Zweiten Weltkriegs lässt sich Gulbenkian 1942 in Lissabon nieder, dort stirbt er am 20. Juli 1955 in seiner Suite im Lissabonner Hotel Aviz.

Ü ÜBRIGENS

Ein weiterer, wichtiger Bestandteil der Kulturarbeit ist die **Musik.** Die Stiftung hat einen eigenen Chor und ein eigenes Orchester. Daneben finden regelmäßig Gastkonzerte und Festivals statt. Besonders schön ist es an einem Sommerabend, wenn im Freilicht-Auditorium aufgeführt wird. Dann vergisst man, dass man eigentlich mitten in der Stadt ist.

Die ›kleinen Lieblinge‹

Mehr als 6000 Werke trägt Gulbenkian in etwa 40 Jahren zusammen. Und es war sein Wunsch, diese einmal unter einem Dach versammelt zu sehen. Portugal hat ihm diesen Wunsch erfüllt, auch wenn er das 1969 errichtete Museum nicht mehr sehen konnte. Allein die dort vorhandene Sammlung von Lalique-Schmuck

INFOS/ÖFFNUNGSZEITEN

Gulbenkian-Stiftung 1: Avenida de Berna, 45 A, T 217 82 30 00, www.gulbenkian.pt, Mo–Fr 9–13, 14.30–17.30 Uhr.
Buchhandlung/Livraria da Sede: Mi–Mo 10–18 Uhr.
Museum Calouste Gulbenkian 2: Mi–Mo 10–18 Uhr, Eintritt 10 €.
Centro de Arte Moderna 3: Di–So 10–18 Uhr.

KULINARISCHES FÜR ZWISCHENDURCH

Restaurant Cafeteria 1: Mi–Mo 10–18 Uhr. Selbstbedienung für die Museumsbesucher. Preiswertes Essen im Park oder mit Blick auf diesen.

Cityplan: F/G 1/2 | **Metro** S. Sebastião, Praça de Espanha, **Bus** 56, 716, 718, 726, 718, 742

besteht aus ca. 180 Objekten: kostbare Armreifen, Ohrringe, Broschen, Halsschmuck und Haarnadeln, gefertigt aus Glas, Edelsteinen, Metall und Elfenbein. Mit ihren bizarren Formen und Motiven faszinieren diese Stücke bis heute. Gulbenkians Münzsammlung gilt als eine der besten der Welt, sehenswert sind auch die ägyptischen Antiquitäten, die Teppiche und Gemälde, unter anderem von Rembrandt und Watteau. Zeitgenössische Kunst wird man hier aber vergeblich suchen. Mit Ausnahme des Art-Nouveau-Künstlers René Lalique, mit dem er befreundet war, hatte Gulbenkian für die künstlerische Moderne nicht viel übrig.

UM DIE ECKE

Für einen Überblick über die zeitgenössische Kunst Portugals ist das 1983 gegründete **Centro de Arte Moderna** 3 bestens geeignet. Hier finden sich Werke der bedeutendsten portugiesischen Künstler von den 50er-Jahren des 20. Jh. bis heute. Zur Sammlung zählen Werke von José Almada Negreiros bis zu Daniel Blaufuks und Pedro Cabrita Reis, aber auch eine sehenswerte Anzahl mit Werken britischer Künstler. Darüber hinaus gibt es immer wieder wechselnde Ausstellungen.

#7

Lissabons altes Mädchen – **die Straßenbahn Nr. 28**

Wie oft wurde nicht schon über die Fahrt mit der Linie 28 geschrieben. Von Hans Magnus Enzensberger bis zu den Feuilletonisten so mancher Zeitschrift schwärmten sie alle von der betagten ›eléctrico‹, die langsam rumpelnd durch die alten Viertel der Stadt fährt. Zugegeben, es ist vielleicht nicht besonders originell, Touristen eine Fahrt mit der Straßenbahn Nr. 28 zu empfehlen. Doch ohne dieses Highlight wäre ein Lissabon-Besuch nicht komplett. Und das wäre zu schade.

Eigentlich schon ausgemustert, gehört sie heute zu den Attraktionen der Stadt. In gemächlichem Tempo rattert und wackelt sie durch die schönsten Viertel, quetscht sich durch enge Gassen und

Wer an diesem Tisch der Snack-Bar da Tuna seine Bica trinkt, sollte keine Angst vor Nähe haben. Und lieber die Füße einziehen, wenn die Tram 28 vorbeiächzt.

Kurven vom Campo de Ourique bis in die Altstadtviertel Alfama und Graça. Sie mögen sich vielleicht zuerst als Tourist par excellence vorkommen. Doch spätestens, wenn Sie in den Sommermonaten Fado-Sänger auf der Fahrt begleiten, werden Sie es nicht bereuen, die 28 genommen zu haben.

Volles Gerumpel voraus

Die Fahrt beginnt am **Prazeres-Friedhof in Campo de Ourique** 2. Man tut gut daran, recht früh am Morgen zu starten, dann gibt es noch Fensterplätze und die Schienen sind – mit ein wenig Glück – noch nicht von Autos zugeparkt. Eben wegen dieser Parkgewohnheiten einiger Autofahrer lässt sich die Fahrtdauer nie so genau im Voraus berechnen. Inzwischen müssen die Falschparker mit Strafen rechnen, die Situation hat sich dadurch etwas verbessert, obwohl die Diskussionen zwischen Schaffnern und Autofahrern auch Teil der Fahrt sind.

Durch das Estrela-Viertel

Zunächst geht es durch Campo de Ourique, vorbei am beliebten **Café Canas** und dann bergab nach **Estrela.** Rechts steht die **Basílica da Estrela** 3 aus der zweiten Hälfte des 18. Jh. Sie wird nachts angestrahlt und ist mit ihrer leuchtend weißen Kuppel weithin sichtbar. Die Kirche wurde nach Plänen von Mateus Vicente de Oliveira im Barockstil errichtet, dem Architekten des Schlosses von Queluz, und nach seinem Tode im klassizistischen Stil vollendet.

Die Außenfassade wird von zwei Glockentürmen flankiert. Begründet wurde die Kirche von Dona Maria I., ihr Mausoleum kann man im Inneren besichtigen. Auf der linken Seite findet sich der Zugang zur schönen, sehr gepflegten Gartenanlage **Jardim da Estrela** 4, angelegt zwischen 1842 und 1852. Gerade an heißen Sommertagen ist sie ein idealer Ort zum Verschnaufen oder um sich im Café am Teich unter schattigen Bäumen eine *bica,* einen Espresso, zu gönnen. Auch einen Kiosk gibt es hier, der seit 1938 vor allem im Sommer als kleine Bibliothek dient, wo sich zumeist ältere Menschen mit Lesestoff für den Tag versorgen können. Schön ist auch der *coreto,* eine Musikertribüne, wo früher

Ü ÜBRIGENS

Lust auf eine literarische Zeitreise? Eine Fahrt mit der 28 ist auch eine Fahrt auf den Spuren Fernando Pessoas (1888–1935), der längst zu den modernen Klassikern der Weltliteratur gehört. In Campo de Ourique, in der Rua Coelho da Rocha, 16–18, hat Fernando Pessoa seine letzten 15 Jahre verbracht. Hier schrieb er in seinem kleinen Zimmer, und hier stand die legendäre Truhe, in der sich nach seinem Tod der enorme Nachlass fand. Fast alle seine Werke wurden erst posthum veröffentlicht. Das Haus beherbergt die **Casa Fernando Pessoa** 1, ein dem Dichter und der Lyrik gewidmetes und schön renoviertes Literaturhaus. Aber auch das Café A Brasileira oder das Martinho da Arcada, der Largo São Carlos im Chiado oder die Baixa bringen uns immer wieder auf die Spuren dieses bedeutenden Literaten.

▶ LESESTOFF

Das Buch der Unruhe – ein Klassiker – und **Lissabon: Was der Tourist sehen soll,** Pessoas ganz persönlicher Reiseführer aus den 1920er-Jahren.

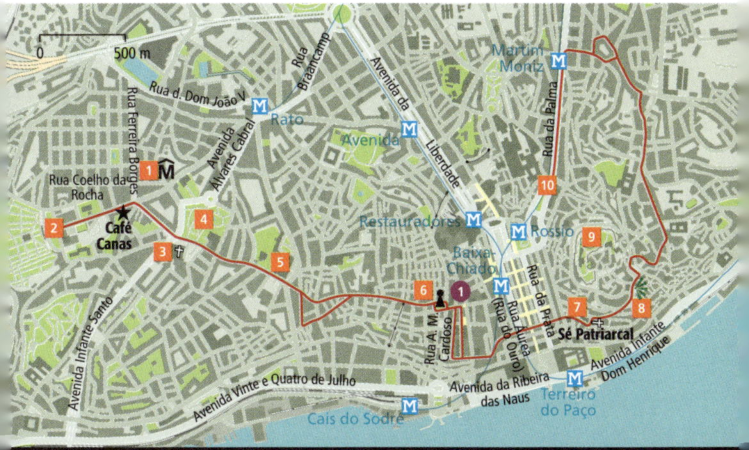

Cityplan: D–K 4–7 | **Tram** 25, **Bus** 701, 709, 718, 774 bis Prazeres-Friedhof

INFOS

Startpunkt: Prazeres-Friedhof
Endpunkt: Miradouro Santa Luzia
Dauer: 60–90 Min., je nach Verkehr

DIE BESTE ZEIT

Die Fahrt ist immer lohnend, recht früh am Morgen ist die Bahn aber nicht so voll, dann bekommt man auch noch einen Fensterplatz.

ACHTUNG

Vor allem im Sommer sollte man auf seine Wertsachen achten! In der 28 sind sehr geschickte Taschendiebe am Werk.

zum Tanz aufgespielt wurde und um den sich die Paare drehten.

Auf verschlungenen Wegen

Es folgt São Bento mit dem **Palácio da Assembleia da República** 5. In dem imposanten einstigen Benediktinerkloster, mit dessen Bau 1598 begonnen wurde, tagt heute das Parlament. Bedingt durch einen Brand im Jahr 1895 konnte der Bau erst Mitte des 20. Jh. fertiggestellt werden. Besucher können nur den Plenarsaal besichtigen. Zum Parlamentsgebäude gehört ein großer Garten, der für die Öffentlichkeit nicht zugänglich ist. Führungen gibt es nur für Schulklassen.

Durch enge Kurven geht es durch das Bairro Alto und am **Largo de Camões** 6 mit der Statue des Nationaldichters Luís de Camões vorbei. Wer hier aussteigt, kann das schön gearbeitete Straßenpflaster auf dem Platz bestaunen. Weiter

Die Tram Nr. 28

Dieses Pärchen genießt Hand in Hand den Blick über die Alfama und den Tejo vom Miradouro Santa Luzia. Oder die beiden ärgern sich gerade über die Kreuzfahrtschiffe, die den Hafen verstopfen und die Stadt mit Touristen überfluten.

geht es in den Chiado, links sieht man das **Café A Brasileira** **1**.

Die Tram biegt nun in die Rua António Maria Cardoso ein. Die Straße war einst für Oppositionelle mit Schrecken verbunden, denn hier befand sich das Hauptquartier von Salazars Geheimpolizei, der sog. Pide. Viele wünschten sich an diesem Ort ein Museum, das an die Zeiten der Diktatur erinnern sollte, aber nun sind an dieser Stelle Luxusapartments entstanden. Mit einigem Gerumpel fährt die Nr. 28 in die Baixa. Dort begegnet man immer wieder auch der Konkurrenz der alten Straßenbahn: hochmoderne, mit Werbung zugeklebte, klimatisierte und komfortable Bahnen. Wer sich vorstellt, Tag für Tag mit der behäbigen Nr. 28 zur Arbeit fahren zu müssen, wird verstehen, warum viele Lissabonner die neuen Niederflurwagen sehr schätzen. Schneller sind sie allerdings kaum, denn sie benutzen ja die gleichen Schienen.

Millimeterarbeit auf dem Weg zum Miradouro

Nun beginnt schon der Aufstieg Richtung Schloss und Alfama. Die Nr. 28 zwängt sich hier durch enge Gassen, passagenweise nur eine Handbreit von den Hauswänden entfernt. Kleine Jungs nutzen diese Engpässe für eine nicht ungefährliche Mutprobe. Sie hängen sich außen an die Bahn und springen erst im letzten Moment ab.

Die Tram passiert den **Largo de Santo António da Sé** 7, wo sich früher die Liebespaare trafen, schließlich ist der hl. Antonius ihr Schutzpatron. Bei den Stadtfesten im Juni ist der Platz nach wie vor Mittelpunkt. Dann kann man dort Majoran *(manjerico)* in Tontöpfen kaufen, um es der Liebsten zu schenken. Und jedes Jahr finden an diesem Feiertag zu Ehren des hl. Antonius zahlreiche Trauungen statt. Ob dort bald auch bei den Stadtfesten gleichgeschlechtliche Ehen getraut werden? Legal jedenfalls ist die Ehe von Homosexuellen in Portugal seit Mai 2010. Die **Sé Patriarcal**, die Kathedrale, sieht man zur Rechten, bevor man den **Miradouro Santa Luzia** 8 erreicht. Wer nicht bis zum Platz Martim Moniz also die ganze Fahrt machen möchte, sollte hier aussteigen, denn der Blick von diesem Aussichtspunkt über die Alfama und den Tejo ist herrlich.

Romanisch, gotisch barock, all das ist die Kathedrale Lissabons. Und errichtet wurde sie auf einer Moschee.

Von hier aus bietet sich ein Bummel hoch zum **Castelo de São Jorge** 9 an, ein Besuch des alten Viertels Graça oder ein Streifzug durch die verwinkelten Gassen der Alfama. Wenn Sie dann noch nicht genug von klappernden Straßenbahnen und quietschenden Schienen haben, können Sie den ganzen Weg auch wieder zurückfahren.

Geduld ist gefragt. Wer Tag für Tag die 28 durch Lissabons Verkehr bewegt, braucht Nerven. Ab und an muss man aber auch laut werden, sonst geht es nicht weiter.

Mouraria – bald im Trend?

Endpunkt der Fahrt ist der **Martim Moniz** 10, ein recht unansehnlicher Platz am Rande der Alfama. Von dort gelangen Sie in die Mouraria, eines der alten maurischen Viertel Lissabons, das aber nicht so gut erhalten ist wie die Alfama. Während dort renoviert wurde und die traditionellen Lokale Hochkonjunktur haben, verfiel diese Gegend unterhalb des Burghügels zusehends. Ein groß angelegtes Sanierungsprogramm hat dies nun schon geändert, und recht bald schon ist dieses Viertel gewiss in Mode, denn bereits jetzt entstehen zahlreiche neue Kneipen und Restaurants.

#8

Geschäftige Unterstadt – **Baixa**

Die Lissabonner lieben ihre Plätze. Und die Baixa hat nicht nur viele davon, sondern auch die schönsten der Stadt, zum Beispiel die Praça do Comércio am Tejo oder den Rossio. Aber im Geschäfts- und Angestelltenviertel der Hauptstadt wird nicht nur flaniert und dem guten Leben in Cafés und Restaurants gefrönt, hier wird auch geshoppt. Zwar hat auch an der Einkaufsmeile Rua Augusta die Moderne Einzug gehalten, doch noch immer stößt man auf Läden mit einem ganz besonderen Flair.

Die Läden in der Rua Augusta waren schon einmal origineller. Aber nicht alle sind Filialen der gewohnten internationalen Ladenketten.

Ein idealer Ausgangspunkt für einen Spaziergang in der Lissabonner Unterstadt, der Baixa, ist die **Praça do Comércio** 1. Wegen seiner Lage am Tejo gilt dieser Platz als einer der schönsten Europas. Die Lissabonner nennen ihn im-

mer noch bei seinem alten Namen, Terreiro do Paço. Hier kamen, flankiert von zwei Raben, an einem 14. September die sterblichen Überreste des Stadtheiligen São Vicente an. Der Heilige und die zwei Raben sind heute auf dem Stadtwappen Lissabons abgebildet. Vor dem Erdbeben von 1755 befanden sich hier der Königliche Palast und eine wertvolle Bibliothek – angeblich mit den Beweisen dafür, dass die Portugiesen Amerika entdeckt haben sollen. An der Nordseite des Platzes steht der 1755 begonnene, aber erst 1873 vollendete **Triumphbogen** 2 (Arco Triunfal Rua Augusta), der den Eingang zur Baixa bildet. Für überschaubare 2,50 € können Sie mit dem Aufzug auf die Aussichtsplattform gelangen und einen herrlichen Blick genießen. In der Mitte des Platzes blickt König Dom José I. über den Fluss.

Lissabons Stunde Null

Am 1. November 1755, am Allerheiligen-Tag, wurde Lissabon von einem **schweren Erdbeben** erschüttert. Die anschließende Flutwelle soll eine Höhe von bis zu 20 m erreicht haben. Zahlreiche Brände in der Stadt trugen das ihre zur Zerstörung bei. Das Beben war so stark, dass es in ganz Europa und Nordafrika zu spüren war. Zehntausende Menschen verloren dabei ihr Leben, die blühende Hafenstadt Lissabon lag in Trümmern. Dort, wo heute die Praça do Comércio ist, befand sich der Königspalast, der mitsamt seiner Bibliothek von 70 000 Bänden vernichtet wurde. Für die gesamte europäische Philosophie der Aufklärung bedeutete das Beben eine Wende, die etwa Voltaire an der Sinnhaftigkeit der Welt zweifeln ließ.

Der Wiederaufbau, geleitet vom Marquês de Pombal, einem Vertreter des aufgeklärten Absolutismus, gelang in Rekordzeit, die Strukturen haben sich bis heute erhalten. Um die Gebäude erdbebensicher zu machen, wurde die *gaiola* (Käfigstruktur) erfunden, eine Konstruktion aus Holz, die auch bei einem Beben stabil bleibt. Berichte von Zeitzeugen über das Beben finden sich auch im Museu de Lisboa (▶ S. 78).

Die heutige **Baixa** datiert also aus der Zeit nach diesem schweren Erdbeben. Dieser Teil der Stadt war fast vollständig zerstört und musste daher anschließend grundlegend neu erbaut werden.

T
TEJO

Was wäre Lissabon ohne den Tejo? Flanieren oder sitzen lässt es sich dort nun auch, an der Avenida da Ribeira das Naus. Sie verbindet die Praça do Comércio mit Cais do Sodré verbindet. Und der kleine Strand, der seit dem Erdbeben von 1755 verschüttet war, ist auch wieder aufgetaucht.

Vom Triumphbogen auf der Praça do Comércio kann man auf die Stadt und ihren Fluss gucken. Die Lissabonner nennen den Platz übrigens hartnäckig bei seinem alten Namen: Terreiro do Paço, was Schlossplatz bedeutet. Der dazugehörige Palast ist seit dem Erdbeben 1755 aber Vergangenheit.

Ü
ÜBRIGENS

Die **Baixa** ist inzwischen eines der bevorzugten Interventionsgebiete für Städteplaner geworden. Immer mehr Banken und Ministerien verlassen die Unterstadt, Anwohner gibt es nur noch wenige, die Wohnungen haben sich in Lagerräume der Geschäfte verwandelt. Dafür entstehen immer mehr Hostels, und nach und nach bestimmen die Touristen nach Feierabend das Bild in der Baixa.

N
NOCH WAS

Urban Legend oder Wahrheit? Eine der beliebtesten Anekdoten der Stadt will wissen, dass die **Statue auf dem Rossio** gar nicht Dom Pedro IV., sondern Kaiser Maximilian darstellt. Deshalb sei sie auch so hoch, damit das niemand bemerke. Wird regelmäßig von Stadthistorikern bestritten, hilft aber nichts.

Es entstand ein Rechteck, bestehend aus acht Längs- und Querstraßen. Die Rua Augusta verbindet die Praça do Comércio mit dem Rossio. Die Straßen waren ursprünglich nach den Handwerken ausgerichtet (z. B. Rua dos Sapateiros, Straße der Schuster).

Lebensader und Herz der Baixa

Durch den Triumphbogen gelangt man in die **Rua Augusta,** die Hauptgeschäftsstraße Lissabons. Hier finden sich inzwischen immer mehr internationale Ladenketten wie Zara oder Lacoste, die meisten der alten Geschäfte sind verschwunden. Auch die zahlreichen Straßencafés sind vor allem für Touristen gedacht und recht teuer. Interessant sind dort aber zwei Schmuckgeschäfte, die **Ourivesaria de Santo Elói** 1, in der Rua Augusta 181/3, oder **Augusta Joalheiros** 2 in der Nr. 106-8. Beide verkaufen neben modernem Design auch traditionellen portugiesischen Schmuck.

Am Ende der Rua Augusta gelangen Sie zum **Rossio** 3. Der Platz, der unter seinem eigentlichen Namen Dom Pedro IV. nur Spezialisten bekannt sein dürfte, ist der Verkehrsmittelpunkt, das Herz der Stadt. Hier fand vom Markt bis zum Stierkampf, von öffentlichen Verbrennungen und Militärparaden bis zu Revolutionen alles statt, was das öffentliche Leben der Lissabonner bewegte. Inzwischen ist der Platz vollständig renoviert und erscheint in alter Pracht. Das Zentrum bildet die 1870 errichtete Säule mit der **Statue von Dom Pedro IV.**

An der Nordseite steht das neoklassizistische **Nationaltheater Dona Maria II.** 4, erbaut von 1842 bis 1846 nach dem Plan des italienischen Architekten Fortunato Lodi. In den Morgenstunden stehen viele afrikanische Einwanderer vor dem Theater. Wenn sie Glück haben, werden sie dort für einen miserabel bezahlten Tagesjob auf einer Baustelle kontaktiert.

Ginjinha oder Kaffee?

Schräg gegenüber haben die Schuhputzer einen ihrer Hauptsitze und dort befindet sich auch ein bestens besuchter Ausschank für *ginjinha,* ein Sauerkirschlikör, von dessen Klebrigkeit der Boden vor dem Geschäft zeugt – man bestellt übri-

KULINARISCHES FÜR ZWISCHENDURCH

Café Nicola ❶: Praça Dom Pedro IV, Metro: Rossio, Mo–Fr 8–22, Sa 9–22, So 10–19 Uhr, an allen Feiertagen geschlossen.

Pastelaria Suíça ❷: Praça Dom Pedro IV, Metro: Rossio, tgl. 7–21.30 Uhr.

ESSEN MIT TRADITION

Martinho da Arcada ❸: Am rechten Rand der Nordseite der Praça do Comércio findet sich das 1782 eröffnete Martinho da Arcada, ein traditionsreiches Café und Restaurant. Hier trafen sich viele Künstler und auch Fernando Pessoa war ständiger Gast, der manche seiner Rechnungen mit Gedichten bezahlte. Noch immer ist hier ein Tisch für ihn reserviert. Unter den Arkaden und im vorderen Bereich befindet sich das Café. Alles ist sehr traditionell und obwohl es stark von Touristen frequentiert wird, ist das Essen sehr gut. Restaurant: Mo–Sa 12.30–15, 19–22 Uhr, Café: Mo–Sa 9.30–22 Uhr.

Casa do Alentejo ❹: Rua das Portas de Santo Antão, 58, tgl. 12–15, 19–23 Uhr, Hauptspeise etwa 16 €

EINKAUFEN

Ourivesaria de Santo Elói 1: Rua Augusta, 181/3.

Augusta Joalheiros 2: Rua Augusta, 106-8, Mo–Fr 10–19, Sa 10–13.30, 14.30–19 Uhr.

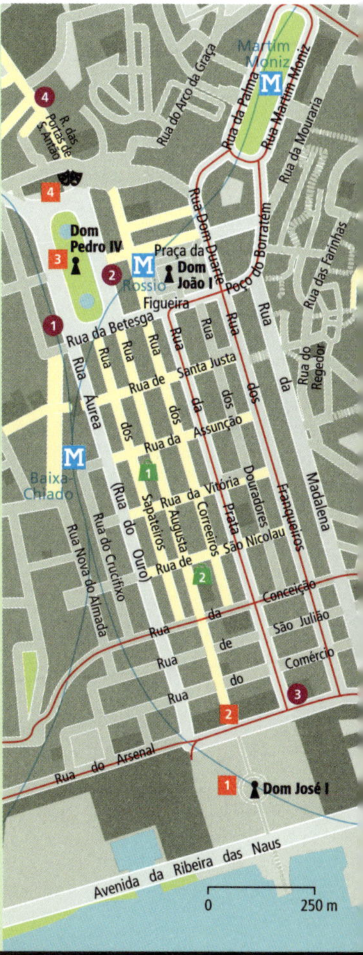

Cityplan: J 6/7 | Metro Baixa-Chiado, Rossio

gens *com* oder *sem elas,* mit oder ohne Kirschen. Leider werden nun oft Plastikbecher den traditionellen Gläsern vorgezogen.

Auf der West- und auf der Ostseite des Platzes gibt es zwei Cafés mit langer Tradition und angenehmen Esplanaden. Das **Café Nicola** ❶ vom Ende des 18. Jh. ist eines der traditionsreichsten der Stadt, hier trafen sich seinerzeit Schriftsteller und Politiker. Die kommen heutzutage eher selten, aber ein beliebter Treffpunkt

So leer ist es auf dem Rossio eher selten. Und Touristen werden oft von fliegenden Händlern angesprochen. Echt goldene Uhren und Haschisch unter den wachsamen Augen der Polizei. Lieber nicht.

ist das Café dennoch geblieben. Die **Pastelaria Suíça** 2 zählt nach Schließung, Umbau und Neueröffnung wieder zu den beliebtesten Cafés der Hauptstadt. Die Geschichte ist nicht ganz so traditionsreich, aber während des Zweiten Weltkriegs trafen sich hier viele Flüchtlinge aus Deutschland auf der Suche nach Möglichkeiten, in die USA auszureisen. Von der Pastelaria Suíça aus gelangt man in östlicher Richtung auf die Praça da Figueira mit der Statue Dom João I. Auch hier gibt es zahlreiche Straßencafés. Die Mitte des Platzes gehört aber eindeutig den Skatebordern, die dort ihre neuesten Sprünge üben.

Ü ÜBRIGENS

Keine Sorge, die Baixa ist heute erdbebensicher. Gaiola Pombalina heißt die Konstruktion, die nach dem **Erdbeben** 1755 erfunden wurde. Dieses Holzgebilde, eine Art Käfig *(gaiola)*, wurde in den Mörtel der Wände eingebaut. So sind die Häuser vor Erdbeben und Feuer geschützt. Einfach, aber wirksam. Und hält bis heute.

→ UM DIE ECKE

Wenn Sie sich vor dem Theater rechts halten, kommen Sie in die **Rua das Portas de Santo Antão** mit ihren zahlreichen Restaurants. Das Essen dort ist in der Regel in Ordnung, aber etwas wirklich Besonderes findet sich etwas versteckt in der Nr. 58: die **Casa do Alentejo** 4. Es ist ein Treffpunkt für die aus der Provinz Alentejo stammenden Lissabonner. Das Haus aus dem 19. Jh. hat einen maurisch gestalteten Innenhof und einen großen Festsaal. Im Restaurant regiert die Küche des Alentejo, wunderschön sind hier die mit *azulejos* verkleideten Wände.

Gute Aussichten – **die Miradouros von Lissabon**

#9

Es liegt schon beinahe auf der Hand, dass Lissabon als Stadt auf mindestens sieben Hügeln einfach schöne Aussichtspunkte haben muss. Hat sie, die Miradouros, und offiziell sind es übrigens ganze 16. Ob Santa Catarina oder São Pedro de Alcântara, der Blick auf die Stadt ist ausnahmslos herrlich. Für die Lissabonner sind die Miradouros ganz unterschiedliche Treffpunkte ihrer Stadt.

Das Bairro Alto schickt gleich zwei aussichtsreiche Locations ins Rennen: Mit der Kabelbahn, dem **Elevador da Glória,** können Sie von der Avenida da Liberdade aus hoch in die Oberstadt fahren. Hält man sich dann rechts, gelangt man

Beengte Wohnverhältnisse und das angenehme Klima mögen der Grund sein. An allen Aussichtspunkten wie hier am Miradouro da Graça geben sich Verliebte ein Stelldichein.

zum **Jardim de São Pedro de Alcântara** 1 mit einem der schönsten Ausblicke auf die Stadt. Hier gibt es ein Straßencafé, einen kleinen Teich, angenehm schattige Plätze zum Entspannen und ein Denkmal für Eduardo Coelho, den Begründer der 1864 gegründeten Tageszeitung Diário de Notícias. Gerne kommen auch Verliebte hierher, genießen das Leben und den Blick auf den Burghügel, auf die alten Viertel Mouraria und Graça und natürlich auf den Tejo. Am schönsten ist es hier bei Sonnenuntergang und in klaren Mondnächten – dann hat der Ort etwas Magisches.

Lauter geht es hingegen am **Miradouro Santa Catarina** 2 zu, den man per Tram 28 oder Kabelbahn **Elevador da Bica** erreicht. Von hier blickt man auf den Tejo, den Hafen und die Rua 24 de Julho. Den Aussichtspunkt gibt es schon seit 1883, das Zentrum bildet die Statue des Adamastor aus blauem Marmor. Da die Portugiesen stets auch um das leibliche Wohl besorgt sind, findet sich auf dem Platz natürlich auch ein Straßencafé.

INFOS

Die Miradouros liegen zu weit voneinander entfernt, als dass man sie nacheinander zu Fuß besuchen könnte. Sie sind aber gut mit der Tram 28 zu erreichen oder man kombiniert sie einfach jeweils mit einer anderen Sehenswürdigkeit.

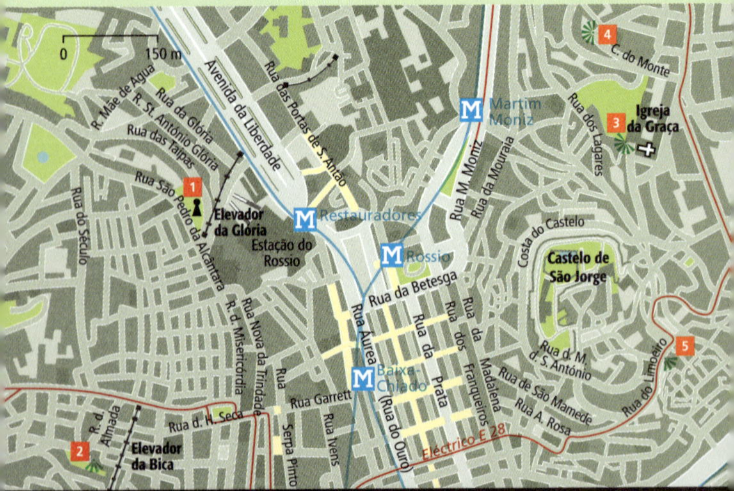

Cityplan: G–K 5–7 | **Tram** 28

Auf dem höchsten Hügel der Stadt

Das alte Viertel Graça gehört zu den ruhigeren Teilen der Stadt und hat einen gewissen Renovierungsbedarf. Kleinere Häuser und palastähnliche Gebäude bestimmen seine Architektur. Ein Bummel durch die Gassen dieses Quartiers, das auf dem höchsten Hügel der Stadt erbaut wurde, lohnt sich, auch wenn die großen touristischen Attraktionen anderswo liegen. Die Tram 28 bringt Sie hierher und an der **Igreja da Graça** erwartet Sie ein herrlicher Ausblick vom **Miradouro da Graça** 3 über Lissabon. Die Kirche selbst stammt aus der zweiten Hälfte des 12. Jh., wurde aber mehrfach umgebaut. Im Inneren gibt es ein Jesusbild, das bei Prozessionen in Lissabon mitgetragen wird.

Der Aussichtspunkt selbst ist ein beliebter Treffpunkt, vor allem im Sommer. Seit 2015 gibt es hier auch einen 1,7 ha großen Garten, der die Graça besser an die Mouraria und die Baixa anbindet. Man sieht auf das Schloss, die Mouraria, die Unterstadt und den Miradouro São Pedro de Alcântara.

Der **Miradouro Nossa Senhora do Monte** 4 liegt ebenfalls in der Graça, direkt bei der kleinen Kapelle mit demselben Namen. Ein erster Bau wurde hier im 12. Jh. nach dem Sieg über die Mauren errichtet. Ein steinerner Stuhl, der dem heiligen Augustinus zugesprochen wird, erschuf eine Legende: Schwangere, die sich daraufsetzen, sollen bei der Geburt des Kindes keine Probleme haben. Von dem Miradouro aus, der gewiss einer der Schönsten ist, hat man im Schatten der Pinien einen wunderbaren Blick über den Tejo, auf die Igreja da Graça, das Castelo de São Jorge und die Unterstadt.

Perspektivenwechsel gefällig?

Wer bereits einen Bummel durch das Gassengewirr des maurischen Viertels Alfama gemacht hat, sollte auch den Blick von oben mitnehmen. Folgen Sie von Graça aus den Schienen der Tram, kommen Sie zu einem weiteren großartigen Aussichtspunkt, dem **Miradouro Santa Luzia** 5. Von hier aus hat man den schönsten Blick über die Alfama. Atemberaubend ist die Aussicht über die verschachtelten Häuser zum Tejo und zum anderen Flussufer.

Miradouro de Santa Catarina: viel Musik und ein wenig Flower-Power-Atmo mit Tejoblick. Hier lässt sich gut und gerne ein entspannter Sommerabend verbringen. Denkt sich auch das Szenevölkchen, dass es oft hierherzieht.

Und mit diesem Gefährt kommen Sie hin: Die Kabelbahn, der Elevador da Bica, fährt hinauf zum Miradouro Santa Catarina.

10

Seebären und Süßes – **in Belém**

Die frische Brise, die Sie in Belém begrüßt, wehte schon den portugiesischen Seefahrern um die Nasen, als sie von hier aufbrachen, um »der Welt neue Welten zu geben«. Im Viertel am Tejo begegnen Sie dem Wahrzeichen der Stadt, dem Torre de Belém, und dem Mosteiro dos Jerónimos, das zum Kulturerbe der Menschheit zählt. Kulinarisches Pflichtprogramm: Portugals berühmteste Törtchen, die Pastéis de Belém!

Die Welt so groß, der Mensch so klein: Von der Aussichtsplattform des Denkmals der Entdeckungen überblicken Sie das gigantische Bodenmosaik. Auf der Windrose in Form einer Weltkarte sind die portugiesischen Entdeckungen markiert.

Großstadtblues? Wer eine Pause von Verkehr, sommerlicher Hitze und Menschengewusel braucht, fährt nach Belém. Etwa 5 km westlich des Zentrums liegt dieser Stadtteil, der früher ein Vorort war, heute aber zum Stadtgebiet zählt, am Tejo. Hier ist es meist etwas kühler und ein belebender Wind weht. Die großzügige Anlage des Viertels mit den historisch bedeutsamen Bauten,

grünen Parkanlagen, einer breiten Uferpromenade und vielen Straßencafés und Restaurants kann eine sehr wohltuende Wirkung haben, wenn man der Stadt einmal entfliehen will. In dem kleinen Jachthafen haben viele Segler, die am Wochenende eine Fahrt auf dem Tejo machen, ihre Boote liegen. Oberhalb von Belém befindet sich das **Villen- und Diplomatenviertel Restelo,** ein reines Wohngebiet, in dem es außer prächtigen Villen und zahlreichen Botschaften recht wenig zu sehen gibt.

Wer von Lissabon kommt, sollte entweder in der Avenida da Índia das hier neu untergebrachte und berühmte Kutschenmuseum, **Museu Nacional dos Coches** 1, eines der beliebtesten Portugals, oder etwas weiter in der Rua de Belém das **Café Fábrica dos Pastéis de Belém** 1 mit seinen vielen Sälen und den schönen *azulejos* ansteuern. Dort kann man die hervorragenden, mit einer Vanillecreme gefüllten Blätterteigpasteten, *Pastéis de Belém,* probieren. Bereits seit 1837 gibt es dieses Café, in dem in den alten Backöfen noch immer täglich rund 20 000 dieser Leckereien gebacken werden. So gestärkt können Sie die große Geschichte dieses Ortes entdecken.

Viele Männer und das Meer

Belém verdankt seinen Glanz den Seefahrern. Am 25. Juli 1415 brachen mit 242 Schiffen etwa 20 000 Mann von hier auf, um das nordafrikanische Ceuta zu erobern. Kolumbus machte hier vom 4. bis 13. März 1493 auf seiner Rückreise nach der Entdeckung Amerikas halt. Vasco da Gama segelte von Belém am 8. Juli 1497 los und entdeckte den Seeweg nach Indien, und auch Pedro Álvares Cabral startete am 8. März 1500 von der gleichen Stelle. Seine Fahrt gilt als die offizielle Entdeckung Brasiliens.

Der beeindruckende manuelinische Monumentalbau des **Hieronymitenklosters** 2 (► S. 82) und das Wahrzeichen der Stadt, der imposante Turm von Belém, sind die reichsten Zeugnisse dieser Unternehmungen und des unermesslichen Reichtums, den die Kolonien dem kleinen Land brachten. Allein die Besichtigung dieser beiden manuelinischen Kunstwerke lohnt den Weg nach Belém.

Ü
ÜBRIGENS

Wenn Sie bei **»Manuelinik«** zuerst an Kosmetik denken, liegen Sie nicht ganz falsch. Allerdings geht es hier nicht um pflegende, sondern um dekorative Aspekte – in der Baukunst. Die auch Emanuelismus oder Manuelinischer Stil genannte Manuelinik verdankt ihren Namen König Dom Manuel I. (1495–1521), der, wenn man Geld als Voraussetzung für Glück definiert, mit Recht den Beinamen ›der Glückliche‹ führte. Warum? Er erntete den Reichtum aus den Überseegebieten, deren Entdeckung – und Ausbeutung – in der Zeit Heinrichs des Seefahrers begann. Im spätgotischen, unverwechselbaren Stil der Manuelinik finden sich daher viele Formen aus dem Bereich der Seefahrt: Steinerne Schiffstaue winden sich als Dekoration um die Gebäude, Seesterne und Korallen sind als Motive ebenso beliebt wie die Pflanzenwelt Afrikas und Indiens. Dazwischen mischen sich Fabel- und Fantasiewesen. Die manuelinische Baukunst besticht durch eine große Leichtigkeit und Anmut.

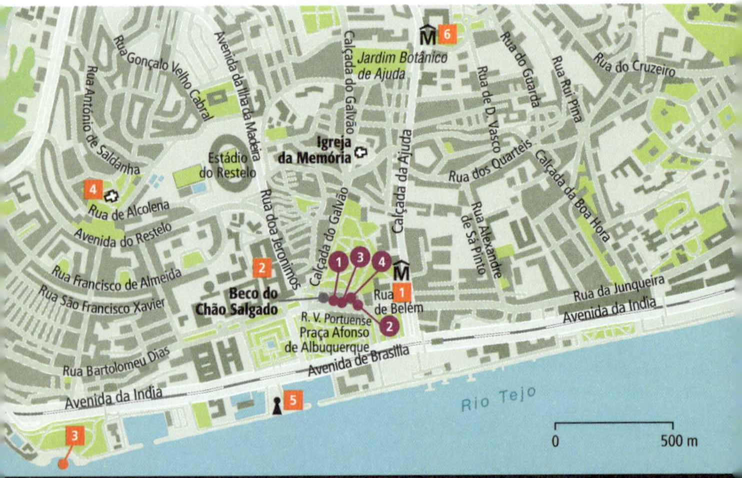

Cityplan: Karte 2 Belém | **Tram 15, Bus 729**

INFOS/ÖFFNUNGSZEITEN

Museu Nacional dos Coches 1: Avenida da Índia, 136, www.museudoscoches.pt, Di–So 10–18 Uhr, 6 € Eintritt.
Torre de Belém 3: Di–So 10–17 Uhr.
Denkmal der Entdeckungen 5: Aussichtsplattform, Tram: 15, Bus: 714, 727, 751, Di–So 9.30–18.30 Uhr.
Palácio Nacional da Ajuda 6: Largo da Ajuda, 21, www.pnajuda.imc-ip.pt, Bus: 729, 732, 742, 60, Do–Di 10–17.30 Uhr.

IM TÖRTCHENHIMMEL

Café Fábrica dos Pastéis de Belém 1: Rua de Belém, 84, www.pasteisdebelem.pt, Tram: 15, Bus: 714, 727, 728, 729, 751, tgl. 8–23 Uhr.

KULINARISCHES IN BELÉM

Die meisten Restaurants finden sich in der Rua Vieira Portuense, an dem kleinen Park gegenüber der Rua de Belém.
Restaurante Belém 2–8 2: Nehmen Sie den 1. Stock (oder im Sommer die Esplanade) in diesem angenehmen, modern und traditionell zugleich eingerichteten Restaurant. Die portugiesische Küche ist schnörkellos – hier werden sehr schmackhafte Krabben und Muscheln, Fischreis und Fischsuppe, aber auch die gängigen Fleischgerichte serviert. Zum Dessert sei der Schokoladenkuchen mit Haselnüssen empfohlen (Rua de Belém, 2–8, T 213 63 90 55, www.restaurantebelem2a8.com, Di–So 12–22.30 Uhr, Gerichte um 25 €).
Restaurante Adega de Belém 3: Angenehmes, traditionelles Lokal mit Küche aus dem Alentejo. Zu empfehlen sind der Seeteufelreis, *arroz de tamboril*, und Nudeln mit Meeresfrüchten, *massada de marisco* (Rua de Belém, 40, T 213 63 91 67, Di–So 12–15, 19–23 Uhr, Gerichte um 16 €).

WEINPROBE

Enoteca de Belém 4: Portugal ist ein hervorragendes Weinland. In dieser Enoteca können Sie Weine aus den verschiedenen Anbaugebieten des Landes in stilvoll modernem Ambiente probieren – und dazu auch nett zubereitete Kleinigkeiten genießen (Travessa do Marto Pinto 10, T 213 63 15 11, Tram: 15, Bus: 714, 727, 728, 729, 751, Di–So 13–23 Uhr).

Ein Turm in der Brandung

Das Aushängeschild der Stadt, der **Torre de Belém** 3, wurde 1515/16 im Auftrag von Dom Manuel I. vom Architekten Francisco de Arruda begonnen und im Jahr 1521 fertiggestellt. Das Bauwerk – bestehend aus einem viereckigen Turm und einem Bollwerk auf sechseckigem Grundriss – zählt zu den gelungensten Beispielen der manuelinischen Baukunst. Und überstand die Jahrhunderte nahezu unversehrt. Ursprünglich befand es sich inmitten des Tejo, aber die künstliche und natürliche Veränderung des Flusslaufs brachte es an Land. Lange Zeit diente der Turm auch als Staatsgefängnis. Nach den Renovierungsarbeiten glänzt der Turm von Belém – den Sie unbedingt besuchen sollten – wieder in gewohnter Pracht, und in Vollmondnächten ist der Anblick wirklich ein unvergleichliches Erlebnis. Ein beliebter Aufenthaltsort der Lissabonner ist an den Wochenenden auch die große Wiese vor dem Turm von Belém.

Manuelinik-Lehrstunde: Im Innenhof des zweistöckigen Klosters Mosteiro dos Jerónimos entdeckt man viele Elemente, die den Stil ausmachen.

Auch die trutzige Torre de Belém ist ein Wahrzeichen der Manuelinik.

Neben den monumentalen Bauwerken tut sich die kleine **Capela de São Jerónimo** 4 (► S. 82) etwas schwer, ist aber ebenfalls einen Abstecher wert. Sie findet sich oberhalb des Klosters nahe dem Fußballstadion.

Blick nach vorn

Wem der Sinn nach einem herrlichen Panoramablick steht, kann auf die Aussichtsplattform des **Denkmals der Entdeckungen** 5, des Padrão dos Descobrimentos, fahren. Der Fluss mit der Brücke des 25. April, Kloster, Kulturzentrum und die Windrose am Boden präsentieren sich dann in all ihrer Pracht.

In dem Aussichtsturm gibt es zudem noch zwei Ausstellungsräume. Das 1960 fertiggestellte, monumentale Denkmal selbst zeigt den Bug einer Karavelle. Es wurde 1940 zur Ausstellung der portugiesischen Welt aus Gips erbaut und erst später aus Stein gefertigt. Heinrich der Seefahrer und eine Besatzung aus Matrosen, Missionaren und Künstlern halten überlebensgroß nach neuen Welten Ausschau.

Noch mehr Geschichte(n)

Ein historisch bedeutsamer Ort ist auch der **Beco do Chão Salgado.** Hier befand sich das Haus der Távoras, die am 3. September 1758 ein gescheitertes Attentat auf Dom José I. verübten. Der Boden wurde anschließend mit Salz verunreinigt, damit dort nie wieder etwas wüchse. An dem Ort, an dem der Anschlag verübt worden war, ließ der König die **Igreja da Memória** errichten.

Oberhalb von Belém, an der Calçada da Ajuda, trifft man auf einen schönen **botanischen Garten,** den der Marquês de Pombal anlegen ließ. Am oberen Ende befindet sich der **Palácio Nacional da Ajuda** 6, dessen Vorgängerbau bei einem Brand 1794 zerstört wurde. Hier schwor Dom Miguel 1828 auf die Verfassung. Eigentlich sollte der Palast ein neues Versailles werden. Obwohl er deutlich bescheidenere Dimensionen aufweist, lohnt er einen Besuch. Heute ist er Sitz des Kulturministeriums, darüber hinaus beherbergt der Palast ein Museum. Im Rahmen von Wechselausstellungen können Sie die königlichen Gemächer in Augenschein nehmen.

Ü
ÜBRIGENS

Geschichtsklitterung? **Heinrich der Seefahrer,** eigentlich Dom Henrique de Avis (1394–1460), gilt als bedeutendste Persönlichkeit des Zeitalters der Entdeckungen. Nach der Eroberung von Ceuta (1415) ließ er sich in der Algarve in Sagres nieder und gründete in Lagos eine Werft. Mit dem dort entstandenen neuen Schiffstyp, der Karavelle, wurden die großen Seefahrten und Entdeckungen erst möglich. Ob seine Seefahrerschule allerdings wirklich existiert hat, ist umstritten. Auch war er weder der große Erforscher neuer Welten noch ein leidenschaftlich der Wissenschaft dienender Forscher, also nicht der Renaissancemensch, als der er oft dargestellt wird. Der über Karten gebeugte und mutig neue Welten erträumende Dom Henrique ist das Produkt einer romantisierenden Geschichtsschreibung. Heinrich der Seefahrer war vielmehr ein Sohn des katholischen Mittelalters, der seine vornehmliche Aufgabe im Kreuzrittertum und im Kampf gegen den Islam sah.

Neue Kultur an alten Ufern – **das Centro Cultural de Belém**

#11

Moderne und Tradition gekonnt zu verbinden ist eine hohe Kunst. Wegen seiner zeitgenössischen Architektur bekam das Centro Cultural de Belém im alten Seefahrer-Viertel anfangs ordentlich Gegenwind. Mittlerweile hat sich der Sturm gelegt: Konzerte und die bedeutende Sammlung Berardo für moderne Kunst locken nun Einheimische wie Touristen nach Belém.

Zwischen dem Turm von Belém und dem Hieronymitenkloster befindet sich Lissabons **Centro Cultural de Belém (CCB)** 1, das der ehemalige Ministerpräsident Cavaco Silva – von 2006 bis 2015 Präsident Portugals – errichten ließ, in guter Gesellschaft. Es sollte ebenso ein Denkmal

Die Architektur des Centro Cultural de Belém ist der Stadt Lissabon nachempfunden.

INFOS/ÖFFNUNGSZEITEN

Centro Cultural de Belém (CCB) 1: Praça do Império, www.ccb.pt, Tram: 15, Bus: 714, 727, 729, 732, 751, Mo–Fr 8–20, Sa/So 10–18 Uhr.

Museu Coleção Berardo: www.museuberardo.pt, tgl. 10–19 Uhr.

SHOPPEN IM KULTURZENTRUM

Im Eingangsbereich des CCB finden sich einige **Shops** (tgl. 10–21 Uhr), die ein besonderes Angebot haben:

Coisas do Arco do Vinho (Loja 7/8) hat sich ganz der Welt des Weins verschrieben. Hier findet der Weinliebhaber von erlesenen Tropfen bis zu Dekantierkaraffen und Lektüre alles Wichtige für sich oder auch als Geschenk.

Portugal Essential. Andenken gefällig? Die portugiesische Welt gibt es hier in Klein, von der Tram Nr. 28 bis zum Turm von Belém. Zumindest in Miniaturen und Neuauflagen traditioneller Produkte und Verpackungen lebt das alte Portugal weiter.

Handgearbeiteten Gold- und Silberschmuck bietet die **Galeria Margarida Pimentel.** Das Richtige für Schmuckliebhaber.

GAUMENFREUDEN IM CCB

Esteoeste 1: Wenn wir zwei gastronomische Moden mischen, haben sich die Macher gesagt, dann wird es wohl funktionieren. Und so gibt es hier Pizza und Sushi. Das Ambiente ist modern und hell, aber wenn das Wetter es erlaubt, dann wählen Sie die Terrasse mit Blick auf den Tejo. Mit Live-Jazz im Sommer. (Jardim das Oliveiras des CCB, T 215 90 43 58, Mo–Do 10–23, Sa/So bis 24 Uhr).

Sicherlich mit zu den besten Restaurants der Stadt zählt **A Commenda** 2. Das in das CCB integrierte Restaurant bietet neue portugiesische Küche, die geschmackssicher traditionelle und moderne Elemente verbindet – und das in einem elegant-modernen Ambiente. (T 213 64 85 61, Mo–Fr 12.30–15, Sa 12.30–16, 19.30–23, So 12.30–16 Uhr).

FÜR KINDER UND JUGENDLICHE

Die Kunstwerkstatt **Fábrica das Artes** ist während der Woche für Schulklassen vorgesehen, am Wochenende gibt es dort Veranstaltungen und Aktivitäten in den Werkstätten im Bereich Musik und bildende Künste, die sich vor allem an ein jugendliches Publikum richten.

Cityplan: Karte 2 Belém | **Tram** 15

der eigenen Größe wie auch für die Erfolge der konservativen Wirtschaftspolitik werden. Heftig kritisiert wurde das Bauwerk anfangs, weil es den Blick vom Jerónimos-Kloster auf den Turm von Belém verstellt. Erbaut wurde das CCB von 1985 bis 1995 von dem italienischen Architekten Vittorio Gregotti und seinem portugiesischen

Kollegen Manuel Salgado auf dem Platz des Imperiums. Die Nachbarschaft erinnert an den Aufbruch der portugiesischen Seefahrer zu ihren Entdeckungen. Die beiden Architekten wollten kein einfaches Gebäude, sie entwarfen eine kleine Stadt mit Plätzen und rechtwinklig zum Tejo verlaufenden Straßen, ein kleines Lissabon, ein Symbol der Stadtstruktur. Von den fünf geplanten Abschnitten konnten aus Kostengründen bis heute nur drei realisiert werden. Nach der ersten Aufregung ist das CCB aber heute bei den Lissabonnern beliebt und ein viel besuchter Ort.

Heavy Rotation: Drei Stockwerke nimmt die Berardo-Sammlung moderner Kunst im CCB für sich ein. Dabei ist das, was Besucher auf ihrem Rundgang in Augenschein nehmen dürfen, sogar nur ein Teil des riesigen Fundus an Kunst. Damit es möglichst viele Werke aus dem Depot in die Ausstellung schaffen, wird immer wieder neu durchgemischt. Hinzu kommen thematisch ausgerichtete Sonderschauen.

Die Sammlung Berardo

Museen leiden bekanntlich unter Geldmangel, das CCB bildet da keine Ausnahme. Deshalb war die Stadt glücklich, als der auf der Insel Madeira geborene und in Südafrika mit Gold zu Reichtum gekommene José Berardo auf der Suche nach einem Ausstellungsort für Teile seiner bedeutenden, international anerkannten Kunstsammlung das CCB auserkor. In Sintra, im Museum für Moderne Kunst, sind weitere Werke dieser Sammlung zu sehen. Jahrelang waren die Werke im CCB gelagert, erst als Berardo damit drohte, die Sammlung ins Ausland zu verlagern, wurden ihm die Ausstellungsräume gegeben, das Museum 2007 eingeweiht.

Als ständige Leihgabe zeigt es Werke des 20. und 21. Jh., besonders von amerikanischen und europäischen Künstlern, darunter Namen wie Picasso, Miró, Duchamp, Mondrian und Warhol. Aber auch einige portugiesische Künstler – wie Rui Chafes, Julião Sarmento und Pedro Cabrita Reis – sind vertreten. Dank der besonderen Qualität der Werke ist dieses Museum schon seit 2008 eines der meistbesuchten des Landes.

Neuer Zweck, neues Leben: Das heutige Kulturzentrum von Belém wurde einst als Sitz der portugiesischen EU-Ratspräsidentschaft geplant und 1992 gebaut. Das italienisch-portugiesische Architektenteam Gregotti und Salgado ging als Sieger aus dem ausgeschriebenen Wettbewerb hervor.

12

Licht und Schatten – **die Avenida da Liberdade**

Nicht kleckern, klotzen: Keine Geringere als die Avenue des Champs-Élysées in Paris diente der 1,5 km von der Praça dos Restauradores bis zum Denkmal für den Marquês de Pombal verlaufenden Allee als Vorbild. Der Spaziergang über die Prachtstraße führt aber nicht nur an teuren Autohäusern und eleganten Modedesignern vorbei. Viele der großen Gebäude stehen leer und harren schon seit Langem ihrer Renovierung.

Die Avenida da Liberdade überrascht immer wieder: Auf den Flohmärkten kann man sogar ganz gute Schnäppchen machen.

An diesem Ort flaniert man schon seit Jahrhunderten, nach dem Erdbeben 1755 legte man hier nämlich Lissabons ersten öffentlichen Garten an. Der war allerdings gar nicht so öffentlich wie das klingt, das Volk musste draußen bleiben. Erst

BESTE ZEIT

Die **Avenida da Liberdade** besucht man am besten während der Geschäftszeiten, dann ist es hier belebt. Am Abend jedoch ist vor allem die obere Hälfte der Avenida recht verwaist; in den Nebenstraßen bieten Prostituierte ihre Dienste an und Dealer versuchen, Geschäfte zu machen.

KULINARISCHES FÜR ZWISCHENDURCH

A Gina ❶: T 213 42 09 16, tgl. 12–15, 18–23 Uhr.

Cityplan: G/H 4–6 | **Metro** Restauradores, Avenida, Marquês de Pombal

unter der Regierung der Liberalen wurden 1821 die Tore für die Allgemeinheit geöffnet und die Mauern eingerissen. Zwischen 1879 und 1882 ließ der damalige Bürgermeister Rosa Araujo dann die Avenida da Liberdade so bauen, wie sie heute verläuft.

Ein Platz mit Geschichte

Ausgangspunkt für einen Spaziergang entlang der Avenida da Liberdade ist die **Praça dos Restauradores** 1 am südlichen Ende der Straße. Der Name des Platzes geht auf die Unabhängigkeit von Spanien im Jahre 1640 zurück, der 30 m hohe Obelisk von 1886 hat auf seinem Sockel zwei Bronzestatuen, die die Unabhängigkeit und den Sieg darstellen. Seit der Nelkenrevolution vom 25. April 1974 finden hier alljährlich zum Jahrestag große Versammlungen statt, inzwischen eine friedlich-fröhliche Institution des Stadtlebens, zu der die Menschen aus dem ganzen Land anreisen.

Etliche Luxusdesignermarken wie zum Beispiel Prada residieren am Prachtboulevard in standesgemäßen Prunkbauten. Diese stammen größtenteils aus der Gründerzeit. Neben den Edelboutiquen haben sich auch hochpreisige Hotelketten hier eingefunden. Die schöne Architektur darf aber jeder umsonst bestaunen.

Zwei Welten ganz nah

In nördlicher Richtung begegnen einem Luxus und Elend auf engstem Raum. Elegante Geschäfte wie Armani und Calvin Klein, teure Autohäuser, Hotels und Büros wechseln sich mit leer stehenden, dem Verfall preisgegebenen Gebäuden ab, vor denen oftmals Bettler liegen. Eine wirkli-

L
LUXUS

Der Luxus der **teuren Läden** ist nicht in erster Linie für Portugiesen gedacht. Immer wieder kommen die Superreichen aus Angola, der ehemaligen portugiesischen Kolonie, eingeflogen, um einen Teil der Ölmilliarden beim Shopping zu verprassen. Dann fließt Champagner, und die Shops sind fürs normale Publikum geschlossen.

Ü
ÜBRIGENS

Sie mögen gelebtes Brauchtum? In Höhe des Tivoli finden im Juni bei den Stadtfesten die **Umzüge der Trachtengruppen** aus den verschiedenen Vierteln statt, um den alljährlichen Gewinner auszuloben. Dann sind hier Bänke aufgebaut und man kann dem fröhlich-bunten Treiben zuschauen.

che Wiederbelebung der Avenida ist trotz zahlreicher Anstrengungen bisher noch nicht geglückt.

Sommervergnügen

Etwas versteckt, etwa in der Mitte der Avenida, unweit des Denkmals für den Ersten Weltkrieg, liegt der **Parque Mayer** 2, zu seiner Glanzzeit der Ort der Revuetheater, dann jahrelang als Parkplatz missbraucht. Inzwischen finden hier wieder Veranstaltungen statt, das Leben ist – zumindest ein wenig – wieder eingekehrt. Hier findet sich auch das einfach gute Restaurant **A Gina** 1, das letzte im Park. Auf der Esplanade lässt es sich im Sommer ausgezeichnet aushalten.

Theater, Kino, Feste

Erhalten ist noch das neoklassizistische **Theater Tivoli** 3 auf der rechten Seite der Avenida (Nr. 182–188). 1924 von dem Architekten Raul Lino erbaut, galt es als der beste Veranstaltungsort des Landes. Heute findet hier vor allem Boulevardtheater statt.

Gegenüber, unter der Nummer 175, ist das **Kino São Jorge** 4 zu finden, ein ständiger Problemfall. Das 1950 eingeweihte Lichtspielhaus war das Schönste der Stadt. In den 1980er-Jahren wurde es umgebaut, aber auch mit drei Sälen kann es mit den Kinos in den Shoppingcentern nicht konkurrieren. Heute wird es hauptsächlich für Filmfestivals genutzt.

Stadtvater mit Löwe

Am Ende der Avenida blickt der Marquês de Pombal – die Hand auf einen Löwen gestützt – seit 1934 auf die Unterstadt und das Verkehrschaos unter ihm. Der aufgeklärte Absolutist regierte Portugal von 1750 bis 1777. Ihm verdankt sich der Wiederaufbau Lissabons nach dem Erdbeben von 1755. Der Sockel des Denkmals enthält Darstellungen der von ihm durchgeführten politischen und erzieherischen Reformen. Dabei ging der Marquês drastisch vor. Die Erziehung im Lande war dominiert von den Jesuiten. Da sie seinen Reformen im Wege standen, verwies er 1759 alle Ordensmitglieder von portugiesischem Gebiet. Seine größte Leistung aber bleibt der Wiederaufbau der Stadt, die zerbrochenen Steine des Denkmals erinnern an das Erdbeben.

Voller Einsatz, hoher Gewinn – **der Parque das Nações**

#13

Verwundert rieb sich die Welt die Augen, als Lissabon mit der Weltausstellung 1998, der EXPO, nicht als verträumtes Dornröschen, sondern als ausgeschlafene moderne Stadt auftrat. Noch besser, dass das von vielen Kritikern beschriene böse Erwachen ausblieb und sich der Parque das Nações in einen heute quicklebendigen und vor allem beliebten Stadtteil entwickelte.

Manchen ist hier inzwischen sogar zu viel los: Die Bebauung ist dichter als ursprünglich vorgesehen und das Lissabonner Spielkasino, das in die Nachbarschaft zog, sorgt auch nicht eben für Beschaulichkeit. Hier im Osten Lissabons, wo 1998 die Weltausstellung EXPO'98 stattfand und Lis-

Nomen est omen: Der Pavillon des Wissens bei der EXPO beherbergt heute ein Wissenschaftsmuseum.

Ü ÜBRIGENS

Als unterirdische Kunst, und zwar ganz im positiven Sinne, kann man die **Stationen der Metro** bezeichnen: Diese wirken wie Ausstellungsräume eines Museums unter der Erde. Die ersten elf Stationen, 1959 eröffnet, wurden noch alle von der portugiesischen Künstlerin Maria Keil gestaltet. Für die neueren, ab 1988 eröffneten Stationen zeichneten Künstler wie Júlio Pomar oder Maria Helena Vieira Silva verantwortlich. Erwähnt seien hier besonders die Estação Oriente mit Arbeiten von Hundertwasser, Joaquim Rodrigo und Yayou-Kussuna. Auch die Station Campo Pequeno lohnt; dort erinnert Francisco Simões mit seinen Arbeiten daran, dass die ländliche Bevölkerung hier in die Stadt kam, um ihre Agrarprodukte feilzubieten.

▶ INFOS

Einen ersten Eindruck der besonderen Metrostationen vermittelt die Homepage www.metrolisboa.pt.

sabon aus seinem Dornröschenschlaf erwachte, ist ein neues und vor Leben brummendes Viertel am Ufer des Tejo entstanden – auch wenn der Soziologe Manuel Villaverde Cabral es als »Luxusghetto« schmähte. Vorher war es ein etwas heruntergekommenes Industriegelände. Zeitgemäß, wie es nun ist, hat es natürlich eine eigene Website (www.portaldasnacoes.pt, auch auf Englisch), die über das umfangreiche kulturelle und gastronomische Angebot informiert.

Nehmen Sie sich einfach ein bisschen Zeit und die Rote Linie der Metro bis zur Estação Oriente, dann kommen Sie in einen der modernsten Teile Lissabons. Und sehen Sie sich unbedingt in der Metrostation die *azulejos* von Hundertwasser über Atlantis an.

Im Viertel erwartet Sie das Ozeanarium, eines der größten Aquarien Europas, ein großes Einkaufszentrum mit Kinos, das Centro Comercial Vasco da Gama, viele Restaurants und Bars und natürlich das bereits erwähnte Spielkasino. Die Messe Lissabons ist hier angesiedelt und die auch für Sportveranstaltungen hervorragend geeignete **MEO Arena** 1, in der die bekanntesten Bands gastieren. Und der Blick reicht über die 17,2 km lange Vasco-da-Gama-Brücke bis nach Alcochete auf der Südseite des Tejo.

So weit das Auge reicht

Wer die Panoramafunktion seines Smartphones ausnutzen will, der hat im Parque das Nações eine gute Gelegenheit: Mit dem **Teleférico** 2, dem Kabinenlift, schweben Sie 20 m über dem Erdboden sicher ca. einen Kilometer am Tejo entlang Richtung Torre Vasco da Gama. Genug Zeit, um die exzellente Aussicht über den Fluss und den Parque das Nações zu genießen.

Auch von der **Torre Vasco da Gama** 3 mit ihren 145 m Höhe konnte man früher die Umgebung wunderbar überblicken. Seit zum Turm aber auch das Myriad, ein Fünf-Sterne-Hotel, gehört, ist der leider inzwischen den Hotelgästen vorbehalten. Andere Besucher haben das Nachsehen.

Under the sea

Als eines der Prunkstücke wurde zur Weltausstellung 1998 dieses Aquarium eröffnet, es ist eines der größten Europas. Und es ist wahrlich ein Bau

INFOS/ÖFFNUNGSZEITEN

Teleférico 2: www.telecabinelisboa.pt, Juni–Sept. tgl. 10.30–20, Okt.–Mai tgl. 11 bis mindestens 18 Uhr.
Ozeanarium 4: Doca dos Olivais, T 218917002, www.oceanario.pt, April–Okt. 10–20, Nov.–März 10–18 Uhr, Kinder (4–12 Jahre) 9,90 €, Erw. 15,30 €, Familien (2 Erw., 2 Kinder) 44 €.
Museum O Pavilhão do Conhecimento – Ciência Viva 5: Alameda dos Oceanos, Lote 2.10.01, www.pavconhecimento.pt, Di–Fr 10–18, Sa/So, Fei 11–19 Uhr.

AUSRUHEN

Peter Café Sport 1: Eine recht getreue Nachbildung des berühmten Cafés auf der Azoreninsel Faial (Bilder vom Original auf www.petercafesport.com), das einer der weltweit bekanntesten Treffpunkte für Segler ist. Lassen Sie es sich nicht nehmen, den Gin Tonic zu probieren, für den wurde Peter berühmt (Rua da Pimenta, 39–41, So–Do 11–1, Fr/Sa 11–2 Uhr).

ESSEN IM NATIONENPARK

Restaurante Peixaria 2: *Peixaria* heißt Fischgeschäft, und in diesem Lokal dreht sich alles um Fisch und Meeresfrüchte. Man sitzt auf der Esplanade vor dem Restaurant oder im Saal mit Flussblick. Spezialitäten sind der Tintenfischreis und ein Garnelen-Curry (Rua Pimenta 31, tgl. 13–23 Uhr, Menü um 22 €).
Miss Saigon 3: Vegetarische und vegane Küche gibt es in diesem kleinen, Lokal: brasilianische Bohnengerichte ebenso wie Couscous, Nudelgerichte oder Ananaskuchen (Rua Cais dos Naus, Lote 4.01.01, T 210996589, www.miss-saigon.pt, Mo–Sa 11.30–16 Uhr, Menü um 15 €).

ZEIT ZUM SPIELEN

Casino de Lisboa 1: Alameda dos Oceanos, 45, www.casino-lisboa.pt, So–Do 15–3, Fr/Sa 16–4 Uhr.

Cityplan: Karte 7, Parque das Nações | **Metro** Oriente der Superlative: 7000 m^3 Salzwasser, über 15 000 Tiere und Pflanzen. Hinter riesigen Panoramascheiben sieht der Besucher das faszinierende Unterwasserleben der Weltmeere. Immer wieder werden auch Veranstaltungen und Führungen speziell für Kinder organisiert.

Das **Ozeanarium (Oceanário de Lisboa)** 4 versteht sich auch als pädagogisches und wissenschaftliches Zentrum und möchte zur Erhaltung der Weltmeere beitragen, über die die Portugiesen vor 500 Jahren zu unbekannten Kontinenten aufbrachen. Seit seiner Privatisierung 2015 ist es aber ein deutlich teureres Vergnügen geworden.

Das Ozeanarium im Park der Nationen: Hier tummeln sich Pinguin, Hai, Biber, Thunfisch und viele mehr. Und der dickste Fisch wurde ganz unironisch Montserrat Caballé getauft. Die Sängerin nahm es heiter.

Das Leben ist ein Spiel

Inmitten des Parque das Nações findet sich seit 2006 und nach heftigen Debatten das **Lissabonner Spielkasino** 1. In dem Gebäude aus Stahl und Glas war während der EXPO der Zukunftspalast untergebracht. Man kann dem Kasino zugutehalten, dass es mehr sein möchte als nur ein Ort für Glücksspiele, es bietet Restaurants, Events und Kultur, einen Blick lohnt auch die Kunstgalerie, in der in wechselnden Ausstellungen Gegenwartskunst gezeigt wird. Aber im Zentrum steht natürlich die Hoffnung auf das schnelle Geld. Dafür gibt es 1100 Slotmaschinen auf zwei Etagen und auch die Kasino-Klassiker am Spieltisch, Roulette, Black Jack und Poker. Und damit der Stil gewahrt bleibt, muss festes Schuhwerk und ordentliche Kleidung getragen werden, ansonsten wird der Zutritt verwehrt.

Wissen macht Ah!

Und das nicht nur bei Kindern, die aber durch die spielerischen Elemente des Wissenschaftsmuseums schnell Feuer und Flamme sind. Durch sein enormes Mittelschiff ist das vielfach ausgezeichnete **Museum O Pavilhão do Conhecimento** 5, einer der architektonischen Höhepunkte der EXPO'98, leicht zu erkennen. Seit 1999 hat sich hier ein modernes, dem Wissen gewidmetes, interaktives Museum entwickelt. Sie können sehen, wie ein Tornado entsteht oder sich eine gigantische Seifenblase bildet. Kleine Besucher lieben vor allem das Fakir-Bett: So viele Nägel und doch spürt man keinen Schmerz. Eine von vielen Entdeckungen im Nationen-Park!

Trautes Heim, Glück allein – **im Wohngebiet Telheiras**

#14

Sightseeing? Eher nicht. Kulturhistorische Offenbarungen? Fehlanzeige. Sie möchten wissen, wie viele Lissabonner gerne wohnen möchten? Goldrichtig! Wer hier lebt, fühlt sich zu Hause und möchte nicht mehr weg. Sogar um den Preis als bestes Wohnviertel Europas hat sich der Stadtteil schon beworben.

Telheiras ist eine kleine Welt für sich: Hier verbindet sich modernes Wohnen mit einem fast dörflichen Ambiente, denn man kennt und trifft sich. Der recht junge Stadtteil hat ein besonderes Flair und wird wegen der vielen Akademiker auch gerne das Doktorenviertel genannt. Selbst am Abend sehen viele keinen Grund, ihr Viertel zu verlassen.

Moderne Zeiten in Telheiras: die Skulptur Cidade Imaginária

INFOS/ÖFFNUNGSZEITEN

Nossa Senhora da Porta do Céu 1: Estrada de Telheiras, tgl. 11–13, 16–19.30, So 9.30–13, 16–20 Uhr.

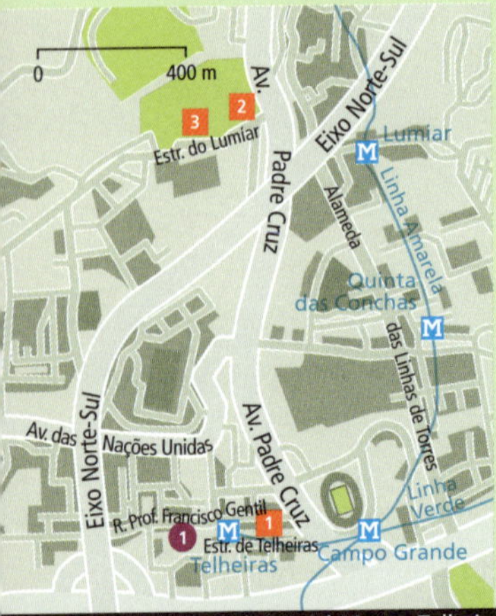

Museu Nacional do Traje 2: Largo Julho de Castilho, www.museudotraje.pt, Di 14–18, Mi–So 10–18 Uhr, Metro: Lumiar, Bus: 1, 3, 7, 36, 106, 108, 4 €. Restaurant im Park: Di–So 12.30–15.30 Uhr.

Museu Nacional do Teatro e da Dança 3: Estrada do Lumiar, 10, www.museudoteatroedanca.pt, Di–So 10–18 Uhr, 4 €.

KULINARISCHES FÜR ZWISCHENDURCH

Restaurante UAI 1: In einer alten Villa werden Gerichte aus der brasilianischen Region Minas Gerais serviert, allesamt schmackhaft. Zu empfehlen ist *abóbora recheada,* Kürbis, gefüllt mit Hähnchenbrust und einer Maissoße und Safran. Als Nachtisch *figo em calda,* eingelegte Feigen (Rua Professor Francisco Gentil, T 213 90 01 11, Di–Sa 12.30–15, 20–23, So 12.30–15 Uhr, Hauptspeise 23 €.

Cityplan: nördlich E/F 1 | **Metro** Telheiras, Lumiar

Das alte Telheiras

Wenn Sie an der Station Telheiras aus der Metro steigen, sind Sie schon mittendrin in einem der beliebtesten Wohnviertel Lissabons. Und zwar im »richtigen« Teil, der Gegend um die Estrada de Telheiras. Bis in die 1960er-Jahre war Telheiras ein Dorf am Rande der Stadt, hier gab es vor allem Villen, eine Kirche und ein Kloster. Dann wurde es als modernes Wohnviertel geplant, mit breiten Straßen, Begrünung und modernen Wohnungen. Junge Akademiker kamen und blieben, fast alle Straßen sind nach Professoren benannt. Schnell entwickelte sich das junge Viertel zum Spekulationsobjekt und dehnte sich nach Süden aus. Mit einem eklatanten Unterschied: ohne Bebauungsplan. Ein Besuch dieses neuen Teils zeigt eher, wie Stadtentwicklung nicht verlaufen sollte.

... und einen Garten gibt es auch

Ein Spaziergang startet an der Kirche **Nossa Senhora da Porta do Céu** 1 in der Estrada de Telheiras. Die Kirche aus dem 17. Jh. hat eine recht bewegte Geschichte, diente eine Zeit lang gar als Schlosserwerkstatt, bevor sie 1940 wieder ihr religiöses Amt aufnahm. Zu Beginn des 21. Jh. wurde sie vollständig renoviert. Am Ausgang der Metro beginnt der Garten von Telheiras, eine kleine Parkanlage mit Café und Esplanaden und einem guten brasilianischen Restaurant in einer alten Villa, dem **UAI** 1.

Was braucht man mehr?

Kehrt man dem postmodernen Stadion von Sporting Lissabon den Rücken und folgt der Rua Prof. Francisco Gentil, sieht man gepflegte Apartmenthäuser, die sich in den Nebenstraßen mit Einfamilienhäusern abwechseln, mit Geschäften und Cafés. Wenn Sie nach rechts in die Rua João Barreira abbiegen, kommen Sie zu einem weiteren beliebten Treffpunkt, hier finden sich Cafés, kleine Restaurants und auch eine Kunstgalerie sowie belebte Esplanaden. Einen Tag wie ein Lissabonner verbringen? Ist hier ohne Weiteres drin.

K
KOMFORT

Vom Äußeren sollte man sich nicht täuschen lassen, mit einer ›Platte‹ haben die **Wohnungen** hier nichts zu tun, sondern bieten jeglichen Komfort. Und hohe Häuser bedeuten keineswegs Kriminalität, sie sind in Telheiras eher Zeichen von Modernität und Lebensqualität.

UM DIE ECKE

Von Telheiras aus gelangt man in nördlicher Richtung zu Fuß (ca. 2 km) oder mit der Metro nach Lumiar zu zwei interessanten, leider etwas abseits gelegenen **Nationalmuseen,** dem Trachtenmuseum und dem Theater- und Tanzmuseum. Das **Museu Nacional do Traje** 2 ist in einem alten Palast untergebracht, in dem schönen botanischen Garten Parque Monteiro-Mor. Seit 1977 sind hier Kleidung und Mode zu sehen, viele der etwa 7000 Exponate gehörten der Königsfamilie, die meisten stammen aus dem 18. und 19. Jh. Darüber hinaus hat das Museum eine Sammlung von Spielzeug und Puppen. Lohnend ist auch ein Mittagessen im schönen Restaurant im Park. Das **Museu Nacional do Teatro e da Dança** 3 hat seit 1979 etwa 250 000 Ausstellungsstücke – Fotos, Platten, Kleidung – aus der Welt des Schauspiels zusammengetragen, eine einmalige Dokumentation der Theatergeschichte bis in die Gegenwart. Hinzu kommt noch eine 35 000 Bände umfassende Bibliothek. Ein lohnender Besuch für Theaterfans. Einladend ist dort auch eine Cafeteria mit schöner Esplanade.

Alles nur Theater im Museum des Theaters. Auch an die Kinder ist gedacht. Im Sommer gibt es Aufführungen für die Kleinen und Werkstätten, um sie für Schauspiel und Tanz zu begeistern.

15

Ein Strand vor jeder Haustür – **die Costa da Caparica**

Im Sommer liegt das Glück der Lissabonner auf der Südseite des Tejo: Sie fahren über die Brücke des 25. April und weiter zur Costa da Caparica, wo die Strände kilometerlang sind und die Restaurants frischen Fisch und kalten Weißwein auftischen. Wer kein Auto hat, nimmt einfach die kleine Strandbahn und steigt aus, wo es ihm am besten gefällt.

Allrounder: Egal, ob Anfänger oder Profi, am gut 30 km langen Strand von Caparica findet jeder Surfer seine eigene perfekte Welle.

Die schlechte Nachricht zuerst: Die Anfahrt mit dem Auto über die viel befahrene Ponte 25 de Abril kann in den Sommermonaten etwas Nerven kosten. Die Costa da Caparica ist für viele Lissabonner der Hausstrand, hier verbringen sie ihre Ferien im August, dementsprechend müssen

Sie mit Staus rechnen, wenn Sie sich nicht recht früh auf den Weg machen. Tausende Schulkinder werden außerdem mit Bussen in den Schulferien dorthin gebracht, durch farbige Hüte sind sie für die Begleiter in dem allgemeinen Gewimmel immer erkennbar. Nun aber die gute Nachricht: Entschädigt werden Sie mit einem fast endlos langen Strand, an dem sich immer ein Platz für ein Badetuch und einen Sonnenschirm finden lässt.

Man kann vom Zentrum des Ortes aus, allerdings nur in den Sommermonaten, mit einer kleinen Eisenbahn den Strand entlangfahren und einfach aussteigen, wo es einem gefällt. Je weiter Sie sich vom Ort entfernen, desto leerer (im August weniger voll) sind die Strände. Überall trifft man auf kleine Restaurants am Strand, die gegrillten Fisch zu freundlichen Preisen anbieten.

Ein Tag am Meer

Einst war Costa da Caparica ein kleiner Fischerort, 15 km von Lissabon entfernt. Heute ein Katzensprung, war es bis zum Bau der Brücke des 25. April im Jahr 1966 eine kleine Weltreise für sich. Seit 2004 ist es Teil der Stadt, und die Bauwut hat deutliche Spuren hinterlassen. Nur wenige der alten Häuser sind noch vorhanden, Apartmentblöcke stehen an ihrer Stelle. Früher traf man nur wenige ausländische Besucher an und noch immer sind die Lissabonner in der Mehrzahl. Und die mögen Caparica. Zu einem perfekten Strandtag gehört für sie ein Bummel durch das auf Touristen eingestellte Städtchen sowie ein Essen im Restaurant **O Barbas** 1 einfach dazu. Einen Besuch lohnt auch der nahe gelegene **Convento dos Capuchos** (Abzweigung am Ortsende von Costa da Caparica Richtung Lissabon). Das Kloster Nossa Senhora da Piedade wurde 1558 erbaut, bei dem Erdbeben von 1755 nahezu vollständig zerstört und anschließend wieder restauriert. Im Sommer findet hier ein internationales Musikfestival statt.

Steile Küste

Wer es nicht allzu lange am Strand aushält, kann die Küste entlang Richtung Cabo Espichel fahren oder auf der Autobahn nach Setúbal Richtung Sesimbra und dann zum **Cabo Espichel.** Der wenig besuchte Ort hat einen herrlichen Blick aus 135 m Höhe aufs Meer. Das Gotteshaus Nossa

Ü ÜBRIGENS

Was haben Sylt und Portugals Westküste gemeinsam? Beide kämpfen seit Jahren mit der **Erosion der Strände.** Dies ist in Caparica in der Nähe des Tejo besonders deutlich, wo immer mehr Land vom Meer verschlungen wird. Trotz großer Anstrengungen gelang es bisher nicht, diese Entwicklung aufzuhalten. Immer wieder stehen auch die Campingplätze unter Wasser. Im Frühjahr 2010 wurden Teile der Dünen bei starkem Wellengang abgetragen und es kam zu enormen Überschwemmungen. Tendenz steigend.

Cityplan: Karte 5, Umgebung von Lissabon | Anfahrt mit dem Auto oder der Fähre ab Belém, dann weiter mit dem Bus

ANFAHRT

Mit dem Auto über die Ponte 25 de Abril, dann der Abfahrt Caparica folgen. **Mit der Fähre** von der Gare Marítima de Belém nach Trafaria, dann weiter mit dem Bus. Von der Praça Areeiro oder von Alcântara fährt der Bus 161 zum Strand von Caparica. Von dort geht es weiter mit der Strandbahn.

SURFERPARADIES

Ob an der Küste Richtung Estoril oder für die absoluten Könner an der Praia do Guincho: Surfen in Portugal ist in und natürlich auch an den endlosen Stränden der Costa da Caparica möglich. Das **Centro Internacional de Surf** 1 bietet Kurse für Bodyboard und Surfen auf allen Stufen für Gruppen oder als Einzelunterricht an. Je nach Stufe finden die Stunden an unterschiedlichen Stränden der Costa da Caparica statt, die Preise liegen zwischen 20 und 25 € pro Pers./Std. (in der Gruppe), 10 Std. Gruppe 130 €, 5 Std. Einzelunterricht 180 €. Wer das Surfen bereits beherrscht, kann sich auch einfach die Ausrüstung leihen (Muralha da Praia, Café do Mar, Apoio 10, Praia do CDS, Costa de Caparica, T 212 91 90 78, www.caparicasurf.com).

ESSEN MIT STRANDBLICK

Restaurant O Barbas 1: Der Besitzer, o Barbas, dürfte einer der getreuesten Anhänger von Benfica Lissabon sein, eine stadtbekannte Figur ist er seit Jahren. Wohl auch deshalb kommen viele ins Lokal. Das Essen ist gut, vor allem die Fischsuppe und der gegrillte Fisch. Ziemlich laut ist es allerdings, da es hier auch eine Disco und Livemusik gibt (Costa da Caparica, Rua Praia, 26, Di–So 12–16, 19–23 Uhr, Menü etwa 15 €).

ETWAS EDLER ESSEN

Delícias da Praia 2: Modern und freundlich eingerichtetes Restaurant mit fantastischem Meerblick und einer schönen Esplanade, wo man auch nur eine Kleinigkeit zu essen wählen kann. Der Stockfisch, *bacalhau*, oder die *caldeirada*, ein Fischeintopf, sind aber auf jeden Fall zu empfehlen (Praia Dragão-Vermelho, tgl. im Sommer 11.30–22 Uhr, ansonsten nur Mittagessen, Menü ab 30 €).

Senhora do Cabo aus dem 17. Jh. war einst Wallfahrtskirche. Davon zeugen noch die rustikalen, jetzt bis auf ein Café leer stehenden Unterkünfte für die Pilger, die den ganzen Komplex wie eine Geisterstadt wirken lassen. Jedes Jahr am letzten Sonntag im Dezember feiert man hier noch das Fest zu Ehren der Nossa Senhora do Cabo. Im Gebiet der nahe gelegenen **Praia dos Lagosteiros** sind in den Felsen Millionen Jahre alte Fußspuren von Dinosauriern zu sehen. Wer weiß schon, ob die Urtiere nicht auch schon wegen der fabelhaften Aussicht diese schöne Gegend zu schätzen wussten...

Das Cabo Espichel: Oft können Sie hier in großer Ruhe und fast allein den Atlantik betrachten und magische Momente an der rauen Steilküste erleben.

UM DIE ECKE

Wer mit der Fähre von der Gare Marítima in Belém aus kommt, kann noch einen kleinen **Spaziergang durch Trafaria** machen. Der kleine Ort mit seinen 6000 Einwohnern lädt zu einem Bummel ein, der Blick auf Lissabon ist wunderschön. Die meisten Einwohner lebten hier vom Fischfang, wie man an den vielen Booten unschwer erkennen kann. Und am Abend füllen sich die zahlreichen Cafés und Restaurants mit den Rückkehrern vom Strand.

Gruß aus der Vergangenheit: Die bunten Boote, die bei Trafaria auf dem Wasser schaukeln, erinnern ans Fischererbe des Städtchens. In den vielen Lokalen kommt auch heute noch frischer Fisch auf den Tisch.

EINTRITTSKARTEN *in eine andere Welt …*

Es gibt mehr als die Gulbenkian-Stiftung (S. 40) und das Centro Cultural de Belém (S. 61), hier meine Favoriten:

UND JETZT ENTSCHEIDEN SIE!

Casa Museu Fernando Pessoa
Mo–Sa 10–18 Uhr
3/2 €

Hier verbrachte Pessoa seine letzten Lebensjahre – das Zimmer des Dichters wird von Künstlern immer wieder neu gestaltet. Regelmäßig Dichterlesungen. Mit Bibliothek und kuschligem Café im kleinen Garten.

E 5, www.casafernandopessoa.cm-lisboa.pt

JA NEIN

Casa Museu Amália Rodrigues
Di/Mi 10–13, 14–18 Uhr
5 €

Das ehemalige Wohnhaus der großen Dame des Fado ist jetzt ein Museum. Wandeln Sie durch die Räume der 1999 verstorbenen Diva und bewundern Sie Erinnerungsstücke. Sehr viel *saudade* und traurig-schöner Fado.

F 6, www.amaliarodrigues.pt

JA NEIN

Fundação Arpad Szenes – Vieira da Silva
Di–So 10–18 Uhr
5/2,50 €

In einer ehemaligen Seidenfabrik hängen die Bilder einer der bekanntesten Malerinnen Portugals und ihres Lebenspartners. Wechselnde Ausstellungen. Auch das Viertel mit dem hübschen Park ist sehenswert.

F 4, www.fasvs.pt

JA NEIN

Museu de Lisboa
Di–So 10–18 Uhr
3 /2 €

Historische Dokumente informieren über die Stadtgeschichte vor und nach dem Erdbeben von 1755 bis zur Gründung der Republik im Jahr 1910. Mit großem Modell von Lissabon vor dem verheerenden Beben.

nördl. H 1, www.museudelisboa.pt

JA NEIN

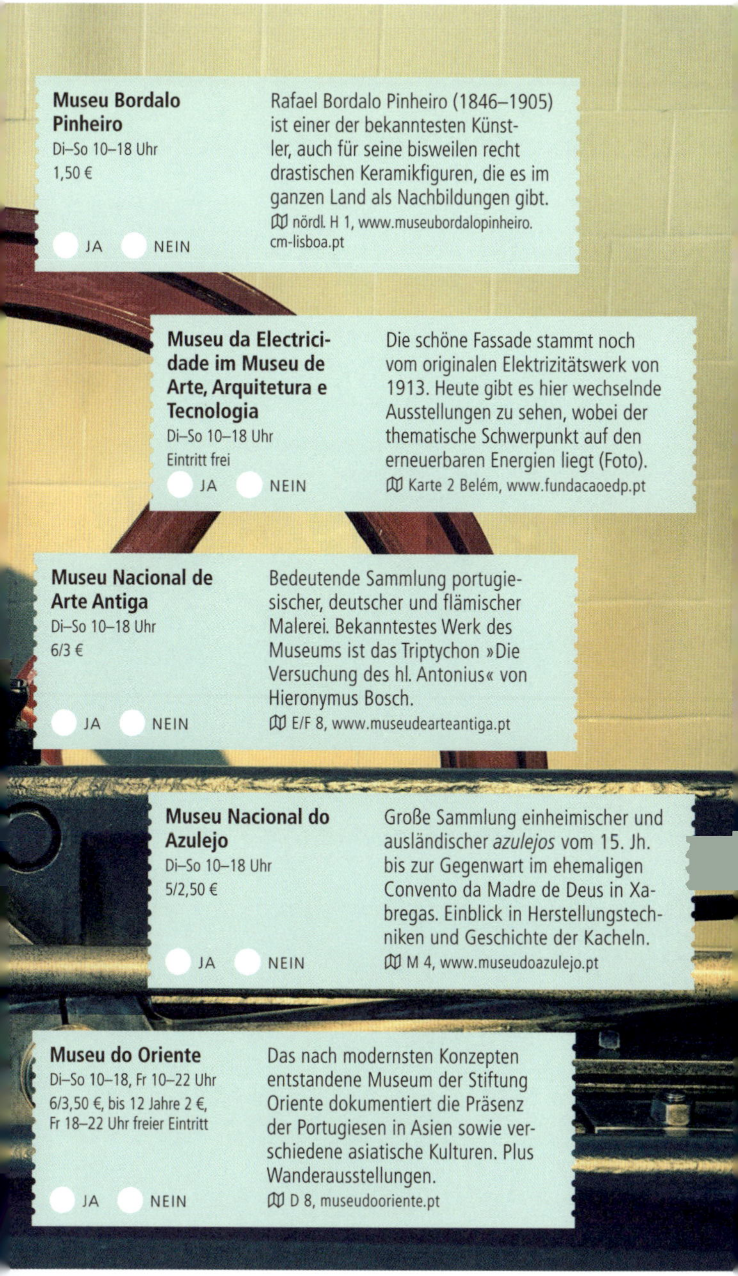

Museu Bordalo Pinheiro
Di–So 10–18 Uhr
1,50 €

JA NEIN

Rafael Bordalo Pinheiro (1846–1905) ist einer der bekanntesten Künstler, auch für seine bisweilen recht drastischen Keramikfiguren, die es im ganzen Land als Nachbildungen gibt.

nördl. H 1, www.museubordalopinheiro.cm-lisboa.pt

Museu da Electricidade im Museu de Arte, Arquitetura e Tecnologia
Di–So 10–18 Uhr
Eintritt frei

JA NEIN

Die schöne Fassade stammt noch vom originalen Elektrizitätswerk von 1913. Heute gibt es hier wechselnde Ausstellungen zu sehen, wobei der thematische Schwerpunkt auf den erneuerbaren Energien liegt (Foto).

Karte 2 Belém, www.fundacaoedp.pt

Museu Nacional de Arte Antiga
Di–So 10–18 Uhr
6/3 €

JA NEIN

Bedeutende Sammlung portugiesischer, deutscher und flämischer Malerei. Bekanntestes Werk des Museums ist das Triptychon »Die Versuchung des hl. Antonius« von Hieronymus Bosch.

E/F 8, www.museudearteantiga.pt

Museu Nacional do Azulejo
Di–So 10–18 Uhr
5/2,50 €

JA NEIN

Große Sammlung einheimischer und ausländischer *azulejos* vom 15. Jh. bis zur Gegenwart im ehemaligen Convento da Madre de Deus in Xabregas. Einblick in Herstellungstechniken und Geschichte der Kacheln.

M 4, www.museudoazulejo.pt

Museu do Oriente
Di–So 10–18, Fr 10–22 Uhr
6/3,50 €, bis 12 Jahre 2 €, Fr 18–22 Uhr freier Eintritt

JA NEIN

Das nach modernsten Konzepten entstandene Museum der Stiftung Oriente dokumentiert die Präsenz der Portugiesen in Asien sowie verschiedene asiatische Kulturen. Plus Wanderausstellungen.

D 8, museudooriente.pt

Lissabonner Museumslandschaft

Lissabon ist nicht als Museumsstadt wie New York, Paris oder Berlin bekannt und berühmt. Dennoch gibt es unter den mehr als 50 Museen eine ganze Reihe wirklich sehenswerter Ausstellungsräume, die neben international renommierten Künstlern auch einen guten Einblick in die portugiesische Kultur und Geschichte vermitteln. Auch die Lissabonner besuchen inzwischen immer öfter ihre Museen. Museumsnächte, Schulausflüge und Tage mit freiem Eintritt haben dabei sicherlich geholfen. Nun ist der Kunstgenuss ein Event.

INFORMATIONEN

Öffnungszeiten
Geöffnet sind die Museen in der Regel Di–So von 10 bis mindestens 17 Uhr.

Rabatte und freier Eintritt
Jeweils am 1. Sonntag des Monats können Sie viele der Museen umsonst besuchen. Mit der **Lisboa Card** (► S. 110) kommen Sie in einige Häuser günstiger oder umsonst rein.

Im Internet
www.patrimoniocultural.pt/en/museus-e-monumentos/dgpc/: Diese Website bietet einen Überblick über Monumente und Nationalmuseen, inklusive Links (auch auf Englisch).
www.cm-lisboa.pt/en/visit/museums-heritage/museums: Hier informiert die Stadtverwaltung (auf Englisch) über die Lissabonner Museen.

Die Handwerkskunst der Azulejos, Keramikfliesen: von den Mauren auf die Iberische Halbinsel gebracht und hier heimisch geworden

Ein Platz in jedem Viertel

Nicht von ungefähr unterhält die Stadtverwaltung ein Programm mit dem Namen »Ein Platz in jedem Viertel«: Das Leben der Lissabonner spielt sich viel in der Öffentlichkeit ab, und eine zentrale Rolle nehmen dabei Plätze und auch Gärten ein. Ein wenig ergeht es ihnen dabei wie den Denkmälern, ihre Geschichte scheint vergessen. Doch viele Plätze in Lissabon sind mehr als Treff- oder Versammlungspunkte, sie sind Geschichtsbücher aus Stein, Teil des politischen und kulturellen Gedächtnisses der Metropole.

Poesie mitten im Leben

Praça de Luís de Camões 🕮 H 7

Für die Einheimischen ist es der Largo de Camões oder einfach der Camões. Am oberen Ende des Chiado und am Eingang zum Bairro Alto gelegen ist der Platz ein beliebter Treffpunkt für Versammlungen aller Art und Jugendliche auf dem Weg in die Lissabonner Nacht. Die Mitte bildet die 1867 eingeweihte, vier Meter hohe Bronzestatue von Portugals Nationaldichter. Für gastronomische Belebung sorgt ein Kiosk. Seither brummt das Leben auf dem Platz noch mehr.

Metro: Baixa-Chiado, Tram: 28

Dom João und die Skateboarder

Praça da Figueira 🕮 J 6

Dom João I. (1357–1433) steht in Bronze seit 1971 hoch zu Rosse in der Mitte dieses zentralen Platzes der Unterstadt. Vor dem Erdbeben war hier seit dem Ende des 15. Jh. ein Krankenhaus, wie man beim Bau einer Tiefgarage entdeckte. Dann diente der Platz als zentraler Markt, heutzutage gibt es nur im Winter noch einen Weihnachtsmarkt. Ansonsten tummeln sich auf der Praça da Figueira vor allem Skateborder und Touristen.

Metro: Rossio

Platz der Nelkenrevolution

Largo do Carmo 🕮 H 6/7

Als am 25. April 1974 die Nelkenrevolution den »Neuen Staat« des Diktators Salazar nahezu unblutig beendete, spielte dieser Platz eine entscheidende Rolle. In das Hauptquartier der Republikanischen Nationalgarde hatte sich Marcello Caetano, der Nachfolger Salazars, geflüchtet, und hier ergab er sich der Übermacht der Streitkräfte. Eine Gedenktafel im Boden erinnert an diese Ereignisse und einen der Helden, Salgueiro Maia. Herrlich ist der Platz mit seinen einladenden Esplanaden, wenn die blühenden Jacaranda-Bäume den Sommer ankündigen. Diese Bäume, die scheinbar untrennbar zur Stadt gehören, gibt es übrigens erst seit dem Anfang des 19. Jh.

Metro: Baixa-Chiado

Platz der Blumen

Praça das Flores 🕮 G 6

Wie leicht verfehlt man diesen Platz ganz in der Nähe des Parlaments. Aber seine alten Bäume in schöner Wohngegend, der kleine Brunnen und der Garten verleihen ihm etwas Romantisches. Fürs leibliche Wohl sorgt der Kiosk. Das stört ein wenig die Ruhe. Direkt am Park gibt es auch das beliebte Café Pão de Canela (›Zimtstange‹). Hier können Sie auf der schönen Terrasse entspannen, ein paar Snacks genießen oder am Wochenende zum Brunch kommen. Inzwischen ein beliebter Treffpunkt.

Metro: Rato, Bus: 773

Kirchen als Geschichtsbuch

Auch in Portugal ist nicht immer alles nur katholisch. Das Jerónimo-Kloster ist ein einmaliges kunsthistorisches Kleinod, in andere Kirchen haben sich Naturkatastrophen und Kriege in die Architektur eingeschrieben, wieder andere dienen als Ruhestätte für bedeutende Persönlichkeiten.

Nationales Pantheon
Igreja de Santa Engrácia 🕮 L 6

Seit 1966 ist diese Kirche das nationale Pantheon und hat in dieser Funktion das Mosteiro dos Jerónimos abgelöst. Beschlossen wurde das schon 1916, aber da war die Kirche noch nicht fertiggestellt. Die Geschichte der Kirche ist die ihrer Errichtung. Die bekannteste Anekdote dazu ist die eines Neuchristen, der 1630 des Diebstahls und der Bilderschändung in der Kirche bezichtigt wurde. Dem Richter sagte er, zum Beweis seiner Unschuld würde die Kirche nie fertig. In der Kirche Santa Engrácia ist auch die berühmte Fado-Sängerin Amália Rodrigues bestattet, seit 2015 und nach heftigen Debatten auch das Fußballidol Eusébio.

Campo de Santa Clara, Bus: 34, Di–So 10–17 Uhr, Mo und Fei geschl.

Zeit für Entdeckungen
Mosteiro dos Jerónimos

🕮 Karte 2, Belém

Das Kloster, das die UNESCO zum Kulturerbe der Menschheit erklärt hat, wurde zwar nicht, wie so oft angenommen, anlässlich der Entdeckung des Seeweges nach Indien errichtet. Das gewaltige Meisterwerk manuelinischer Kunst, unter Dom Manuel I. erbaut, zeugt jedoch vom Reichtum, den die Seefahrer aus den Kolonien mitbrachten; die Ornamente zeigen Schiffstaue, exotische Pflanzen und Tiere. Die Grundsteinlegung fand 1502 statt, erster Architekt war Diogo Boytac, das Westportal der dreischiffigen Hallenkirche, Igreja de Santa Maria, schuf 1517 Nicolas Chanterène. In den Seitenschiffen stehen sich die verzierten Grabmäler Vasco da Gamas und Luís de Camões gegenüber. Neben dem Kloster sollte auch die **Capela de São Jerónimo** besucht werden. Sie findet sich oberhalb des Klosters in der Nähe des Fußballstadions (Estádio do Restelo). Erbaut wurde die nur ca. 11 m lange Kapelle zu Beginn des 16. Jh. ebenfalls von Diogo Boytac. Die Kapelle besticht durch ihre Schlichtheit und die ausgewogenen Proportionen. Leider ist sie meist verschlossen. Doch allein der Platz vor der Kapelle lohnt schon den Abstecher. Dort, wo das Blattwerk der Bäume nicht zu dicht ist, öffnet sich ein schöner Ausblick auf Belém und den Fluss.

Praça do Império, Tram: 15, Bus: 714, 727, 728, 729, 751, Kreuzgang Di–So 10–17 Uhr, Mo und Fei geschl.

Stilgemisch
Sé Patriarcal 🕮 K 7

Mit dem Bau der Lissabonner Kathedrale wurde Mitte des 12. Jh. begonnen. Dazu mussten allerdings erst die Mauren vertrieben werden; über dem Innenhof der alten Moschee entstand dann die Kirche. Auf den Beschädigungen durch mehrere Erdbeben und dem anschließenden Wiederaufbau beruht die etwas unausgeglichen wirkende Architektur des Gotteshauses. Eine Besonderheit ist ein romanisches Taufbecken, über dem angeblich der hl. Antonius getauft wurde. In einer gotischen Kapelle des linken Seitenschiffs ist die barocke Weihnachtskrippe mit Terrakotta-Figuren von Machado de Castro zu sehen. 1990 begann man in der Kirche mit Ausgrabungsarbeiten, an denen sich fast die ganze Stadtgeschichte ablesen lässt.

Largo da Sé, Tram: 28, tgl. 10–17 Uhr

Über zwei Brücken musst du fahren

Noch bis vor 50 Jahren kam man von Süden her nur mit dem Schiff nach Lissabon. Dann verband die Brücke des 25. April die Hauptstadt mit dem Südteil des Landes. Eine Brücke in die Moderne ist die Ponte Vasco da Gama. Beiden Bauten über den Tejo sind Zeugnisse bedeutender Abschnitte der Stadtgeschichte.

Brückenschlag

Ponte 25 de Abril 🕮 südl. C 8

In 70 m Höhe verbindet diese gewaltige Brücke mit 3222 m Länge und vier Fahrspuren Lissabon mit Almada. Eingeweiht wurde sie erst am 6. August 1966, zuvor erreichte man die Hauptstadt aus dem Süden des Landes nur über den Seeweg. Da sie für den Großstadtverkehr mit der Zeit zu klein war, wurde sie um zwei Spuren und eine Eisenbahntrasse unter der Fahrbahn erweitert. Dies alles geschah, während der Verkehr rollte. Außerdem wurde nahe dem Weltausstellungsgelände 1998 die neue Brücke Vasco da Gama eingeweiht, die allerdings den Hauptstadtverkehr nicht wesentlich entlastet.

Die längste ihrer Art

Ponte Vasco da Gama

🕮 Karte 7, Parque das Nações

Es war nicht weniger als eine Sensation, als diese Brücke am 4. April 1998 eröffnet wurde: Mit 17,185 km Länge zählt die Ponte Vasco da Gama, die Lissabon in der Nähe des Parque das Nações mit Alcochete verbindet, zu den größten Brücken Europas. Gut 10 km führen über den Tejo. Ihr Bau wurde von Protesten von Umweltschützern begleitet, die Brutgebiete seltener Vögel in Gefahr sahen. Die Befürchtungen haben sich nicht bestätigt. Durch die Verbindung mit Lissabon ist allerdings die Wohnungsspekulation am Südufer des Tejo gewaltig gestiegen.

In Europa eine der größten: die Ponte Vasco da Gama

Pause. Einfach mal abschalten

Stadtbesuche, zumal im Sommer, können ganz schön anstrengend sein. Das gilt auch für Lissabon, obwohl die Metropole für eine Großstadt durchaus nicht allzu hektisch ist, aufgeregtes Gerenne ist den Lissabonnern eher fremd. Und fand früher das Leben eher in den Cafés statt, so gibt es seit einigen Jahren überall Esplananden, wo es sich gut ausruhen und beobachten lässt. Die grüne Lunge Lissabons ist der Parque de Monsanto, ein riesiges Erholungsgebiet am westlichen Stadtrand. Doch Portugals Hauptstadt hat auch kleinere Parks und Oasen, die zum Verweilen einladen.

Vier Hektar Weltpflanzen

Jardim Botânico G/H 5

Nördlich des kleinen Parks Príncipe Real befindet sich dieser Garten vom Ende des 19. Jh. Auf einer Fläche von über 4 ha findet man hier die herrlichsten Pflanzen aus allen Teilen der Welt. Der Garten gehört zum Museu Nacional de História Natural und ist Teil der Universität Lissabon. Dieser Garten wird auch nicht allzu viel besucht, sodass es hier auch in der Hochsaison fast immer angenehm ruhig ist.

Rua da Escola Politécnica, Bus: 100, 758, tgl. 9–18 Uhr

Bunt: der Park Jardim da Estrela

Unter alten Bäumen

Jardim da Estrela F 6

Hier sieht man Rentner beim Kartenspielen oder Pärchen auf der Parkbank. Sicherlich einer der schönsten Gärten der Stadt, gegenüber der Basílica da Estrela gelegen und beliebter Treff für Jung und Alt. Auf einer Fahrt mit der Tram 28 lohnt sich ein Zwischenstopp. Neben sehr alten Bäumen gibt es Teiche und eine Cafeteria, im Sommer ist ein Kiosk geöffnet, wo man sich Bücher für einen angenehmen Nachmittag ausleihen kann. Und manchmal im Sommer, da gibt es dann Musik auf dem Coreto, dem Musikpavillon. Ganz so wie früher bei Festen oder Wallfahrten. Zauberhaft.

Praça da Estrela, Tram: 25, 28, Bus: 709, 713, 738, 773, tgl. 8–22.30 Uhr

Tierisch gut

Jardim Zoológico D/E 1

Delfine sind die Attraktion des Zoos, aber auch alle anderen Wildtiere sind vertreten. Und wer nicht so gerne läuft, kann auch mit dem Teleférico 20 Minuten lang über fast 400 Tierarten schweben. Samstags und sonntags werden für Kinder bis zu 12 Jahren Safaris im Zoo veranstaltet.

Praça Marechal Humberto Delgado, www.zoo.pt (auch auf Englisch), Metro: Jardim Zoológico, Bus: 701, 716, 726, 731, 754, 770, 15. Feb.–31. März 9–18 Uhr, April–Okt. 10–20, Okt.–Feb. 10–18 Uhr, Erw. 19,50 €, Kinder (3–11 J.) 14 €

So lässt es sich auch im Sommer studieren, in den Gärten der Gulbenkian-Stiftung.

Treibhaus und Bücher

Parque Eduardo VII und Treibhaus Estufa Fria 🗺 G 3/4

Im 1888 eingeweihten Park findet, neben Ausstellungen und Konzerten, auch die Buchmesse statt. Das Treibhaus am oberen Ende des Parks beherbergt eine reiche Auswahl von Pflanzen. Weniger lauschig: Gegen Abend dient der Park Prostituierten als Zuflucht.

Estufa Fria, Metro: Marquês de Pombal, Bus: 722, 748, 713, tgl. 10–17 Uhr

Der romantische Park

Jardim do Príncipe Real 🗺 G 5/6

Direkt beim Bairro Alto liegt dieser angenehme Park, der Mitte des 19. Jh. im Stile der Romantik angelegt wurde. Wie immer in Portugal sorgen Cafés und Restaurants für kulinarische Ablenkung, jeden Samstag findet hier ein Bio-Markt statt. Nicht der ruhigste Park Lissabons, aber zu sehen gibt es vor den Esplanaden immer etwas.

Jardim do Príncipe Real, Bus: 92, 790

Terrasse mit Ausblick

Terraço im Hotel Tivoli 🗺 H 5

Das Essen ist hervorragend, hier im Restaurant auf der Terrasse im letzten Stock des Hotels Tivoli. Für ca. 60 € dürfen Sie das aber auch erwarten. Sie können auch einfach in die bequemen Kissen oder Stühle sinken, ein Getränk bestellen und einen der schönsten Blicke über Stadt und Fluss genießen.

Avenida da Liberdade, 185, www.tivolihotels.com/, 12.30–15, 19.30–23 Uhr, Metro: Avenid

S SURFEN

WLAN-Hotspot zum Mails- und Facebook-Checken gesucht? Besonders relaxt chillen und surfen lässt es sich im **Café/Restaurant Fábulas** (🗺 Karte 3, E 5, Calçada Nova de São Francisco 14) mit seinen gemütlichen Sofas, Sesseln und Sälen im Retrostil – mit Weinbar. Täglich bis ein Uhr nachts ein beliebter Treff, im Sommer auch draußen. Und wie kommen Sie hin? Gehen Sie einfach die Rua Garrett abwärts und biegen Sie kurz vor dem Ende der Straße rechts in einen schön gestalteten Innenhof ab. Bem-vindo!

Schöner wohnen

Für die einen sind Mitwohnplattformen wie Airbnb eine Plage, für andere die Rettung. Denn wegen der Wirtschaftskrise haben viele Lissabonner ihre Wohnungen dafür umgebaut, und so sind bei den 13 000 eingeschriebenen Anbietern 2015 mehr als eine Million Besucher eingekehrt. Und das sind nur die offiziell bekannten Zahlen. Begeistert sind Hoteliers davon nicht, auch nicht von den zahlreichen Hostels, die es inzwischen vor allem in der Baixa gibt.

Als Stadt, die auch auf Reisende eingerichtet ist, verfügt Lissabon natürlich über ausreichend Hotelbetten. Auch in der Hochsaison gibt es daher meist freie Zimmer – vor allem in den Häusern der Mittelklasse. Die Fünf-Sterne-Hotels sind allerdings bei Kongressen bisweilen ausgebucht. In diesem Bereich unterscheidet sich Lissabon nicht von anderen Großstädten, es ist der gewohnte, aber auch standardisierte internationale Komfort, den große Hotelketten eben bieten.

Eine *pensão* (Pension) ist dazu eine angenehme Alternative, die Sie überall in der Stadt finden. Die Pensionen können den manchmal vorhandenen Mangel an Komfort durch eine günstige Lage und eine angenehme Atmosphäre wettmachen. Diese Unterkünfte beschränken sich auf ein bis zwei Stockwerke innerhalb eines Gebäudes und vermitteln oft noch das Flair des alten Lissabon. Und Frühstück wird auch serviert.

Hotels und Pensionen tischen zum Frühstück auf.

ZUM SELBST ENTDECKEN

Kurz und gut
Für einen Kurzaufenthalt wohnen Sie am besten im engeren Stadtbereich, dann verlieren Sie keine Zeit im Berufsverkehr.

Buchen
Die Tourismusinformationen haben nach Preisklassen sortierte Listen mit Unterkünften. Bei der Reservierung hilft man Ihnen gern. Wer über die Internetseiten der Hotels bucht, kann viel Geld sparen. Einen guten Überblick bietet das Onlineportal www.booking.com. Die Preisunterschiede bei Sonderangeboten oder Internetbuchungen sind so groß, dass selbst Luxushotels manchmal recht günstig sind.

Familiensache
Portugal ist ein sehr familienfreundliches Land. Kinder gelten in den meisten Hotels nicht als Störfaktor. Oft bekommen Sie ohne Probleme Mehrbettzimmer oder ein zusätzliches Bett ins Zimmer.

Klein & fein
Hotel Botânico Karte 3, C 3
Hier geht es schon fast familiär zu, denn das Mittelklassehotel hat nur 30 Zimmer. Die sind mit eigenem Bad, Klimaanlage, Minibar und TV gut ausgestattet und schön eingerichtet. Der Service punktet mit Freundlichkeit und Englischkenntnissen, Gäste können an der hauseigenen Bar relaxen. Schöne Lage nahe der Avenida da Liberdade, der Praça da Alegria und dem botanischen Garten.

Rua Mãe de Água, 16–20, T 213 42 03 92, www.hotelbotanicolisboa.com, Metro: Restauradores, EZ 112 €, DZ 122 €

Vergangene Pracht
Ever Lisboa G 4/5
Prunkvoll ist der Treppenaufgang, er zeugt noch immer von der einstigen Pracht. Schließlich befinden sich die 36 Zimmer dieses kleinen Hotels auf der Avenida da Liberdade in einem ehemaligen kleinen Palast. Auch wenn alle schallisoliert sind, ist es richtig ruhig nur in den nach hinten gelegenen Räumen, da der Verkehrslärm auf der Avenida da Liberdade auch in der Nacht nicht abbricht. Entspannung finden Gäste nach dem anstrengenden Stadtbesuch im Garten des Hotels bei einem Getränk.

Avenida da Liberdade, 189, T 213 52 26 18, Metro: Avenida, EZ 75 €, DZ 80 €

All You Need
Hotel Delta J 3
Eine preisgünstige und moderne Unterkunft in der Nähe des Zentrums. Das Zwei-Sterne-Hotel wurde 2010 frisch renoviert. Es verfügt über 18 freundliche Zimmer, alle mit eigenem Bad, Satellitenfernsehen und Klimaanlage ausgestattet. Darüber hinaus gibt es ein Restaurant, eine Bar und – in Lissabon nicht unwichtig – einen eigenen Parkplatz. Auch Internet ist im ganzen Haus vorhanden und kann umsonst benutzt werden.

Rua Ilha do Pico, 3, T 213 52 13 00, www.hoteldeltalisboa.com, Metro: Arroios, EZ 53 €, DZ 58 €

Hier geht keiner hungrig zu Bett
Pensão Flor da Baixa Karte 3, D 3
Eine Pension im alten Stil, direkt an der Straße mit den meisten Touristenrestaurants gelegen. Dennoch sind die Zimmer relativ ruhig. Der Einrichtungsstil ist recht einfach, so wie das ganze, sehr freundliche Ambiente. Die Pension ist häufig ausgebucht, um ein Zimmer sollte man sich also rechtzeitig kümmern. Das Frühstück ist im Preis nicht inbegriffen.

Rua das Portas de Santo Antão, 81, 2°, T 213 42 31 53, www.flordabaixa.com, Metro: Restauradores, EZ 32 €, DZ 40 €

Wohnen wie ein Bürger
Residencial Londrina G 4
Wie eine große alte Lissabonner Wohnung wirkt diese Pension in der Nähe des Stadtzentrums. Die Zimmer sind freundlich, geräumig und verfügen jeweils über ein eigenes Bad. Die Einrichtung ist traditionell, moderne Elemente gibt es kaum. Der Frühstücksraum strahlt eine private Atmosphäre aus. Zur Straße hin ist es etwas lauter, aber die Aussicht ist interessanter als auf den Hinterhof. Der Service ist sehr freundlich.

Rua Castilho, 61, 1°, T 213 86 36 24, http://londrina-bb-lisbon.lisbon-hotel.net/pt/, Metro: Rotunda, EZ 40 €, DZ 55 €, mit Frühstück

Gute Aussichten
Albergaria Senhora do Monte
Karte 3, G 2
Im alten Stadtteil Graça, auf dem höchsten Hügel der Stadt gelegen und sicherlich eines der Hotels mit der schönsten Aussicht über die Stadt, vor allem von den Zimmern im obersten Stock aus. Die maurischen Viertel Alfama und Mouraria und das Schloss sind ganz in der Nähe. Das Haus hat nur 28 Zimmer, eine Bar steht den Gästen offen. Die Atmosphäre ist familiär. Preise im Internet ansehen: Hier gibt es manchmal Doppelzimmer schon für 70 €.

Calçada do Monte, 39, T 218 86 60 02, www.albergariasenhoradomonte.com, Tram: 28, mit Gepäck am besten per Taxi zu erreichen, EZ/DZ 130 €

Alter Glanz

Hotel Avenida Palace Karte 3, D 4

Das letzte Grandhotel Lissabons. Hier, zwischen Rossio und Restauradores wohnte schon Thomas Manns Romanheld Felix Krull. Und immer noch der angenehm klassische Stil – von der Bibliothek, der Uniform der Angestellten bis hin zur ausgesprochenen Freundlichkeit gegenüber den Gästen. Und einen Fitnessraum gibt es auch.

Rua 1° de Dezembro, 123, T 213 21 81 00, www.hotelavenidapalace.pt, Metro: Restauradores, EZ ab 215 €, DZ ab 230 €

Art-déco in Lissabon

Hotel Britania Karte 3, C 2

In einer Seitenstraße der Avenida da Liberdade liegt dieses kleine Hotel, in einem Gebäude, das 1944 von dem portugiesischen Architekten Cassiano Branco entworfen wurde. Das Haus ist das einzige echte Lissabons im Stil des Art-déco. Die 30 modern und geschmackvoll eingerichteten Zimmer sind sehr geräumig, alle verfügen über den Komfort eines Vier-Sterne-Hotels. Außer kostenlosem Internet hat das Hotel auch eine Bibliothek. Stilvoll eben!

Rua Rodrigues Sampaio, 17, T 213 15 50 16, www.heritage.pt, Metro: Avenida, EZ 247 €, DZ 260 €

Palast im Grünen

Hotel Palácio Seteais

Karte 5

Weltstars wie Mick Jagger steigen hier in Sintra gerne ab. Denn es ist eines der schönsten Hotels in ganz Portugal, untergebracht in einem Palast vom Ende des 18. Jh. Das Haus bietet 30 Zimmer, Restaurant, Park, eine eigene Tennisanlage und Reitmöglichkeiten. Nur einen Grund es zu verlassen, den bietet es nicht.

Rua Barbosa do Bocage, 6–8, T 219 23 32 00, www.tivolihotels.com, EZ ab 170 €, DZ ab 210 €

Das Grandhotel Avenida Palace stapelt hoch. Zu Recht.

Ein Charmeur im Chiado

Lisboa Regency Chiado
Karte 3, E 5

Inmitten des Flanier- und Einkaufsviertels Chiado, im Herzen der Stadt, liegt dieses elegante Hotel. Alles hier ist von diskretem Charme, die Einrichtung modern und elegant. Das Schönste aber ist der fantastische Blick über die Stadt, während man es sich z. B. mit einem Drink auf der Terrasse des Hauses gemütlich macht.

Rua Nova do Almada, 114, T 213 25 61 00, www.lisboaregencychiado.com, Metro: Baixa-Chiado, EZ 146 €, DZ 186 €

Simply the best

Olissippo Lapa Palace E 7

Das schönste Hotel Lissabons mit allem Komfort ist im vornehmen Viertel Lapa in einem Palast aus dem 19. Jh. untergebracht. Es bietet 94 Zimmer, einen Garten, ein Hallenbad und ein Außenbecken. Wer sich nicht dazu durchringen kann, die nicht gerade geringen Zimmerpreise aufzubringen, sollte zumindest einen Blick auf den herrlich gearbeiteten Fußboden der Eingangshalle riskieren.

Rua do Pau da Bandeira, 4, T 213 94 94 94, www.olissippohotels.com, EZ ab 325 €, DZ ab 430 €

Stadturlaub im Landhaus

Quinta Nova da Conceição
Karte 5

Die Quinta Nova da Conceição ist ein altes Landhaus im Stadtteil Benfica. Der ehemalige Herrensitz der Grafen von Benfica aus dem 17. Jh. ist die einzige Unterkunft in Lissabon, die eine Übernachtung in einem privaten Landhaus bietet. Im Aufenthaltsraum gibt es eine Harfe, ein Klavier und einen offenen Kamin. Gelegen inmitten eines schönen, 5000 m² großen Grundstücks hat es einen eigenen Pool und einen Tennisplatz und sogar eine kleine Kapelle. Allerdings hat es nur drei Zimmer und ist im August geschlossen.

Rua Cidade de Rabat, 5, nahe Estrada de Benfica, T 217 78 00 91, Metro: Alto dos Moínhos, DZ 140/175 €

Kloster-Luxus

Residencial York House F 7

In der Nähe des Museums für alte Kunst warten 34 Räume in einem Kloster aus dem 16. Jh. mit sehr schönem Garten auf Gäste. Die nach vorne ausgerichteten Zimmer sind nicht sehr ruhig, insgesamt bestimmt das Ambiente den Preis. Lange im Voraus buchen!

Rua das Janelas Verdes, 32, T 213 96 24 35, www.yorkhouselisboa.com, Bus: 713, 727, 760, EZ 60–225 €, DZ 60–300 €

Für Literaturfans, nicht für arme Poeten

Eurostars das Letras Lisboa G 5

Luxus und Literatur. Dieses Hotel in zentraler Lage hat sich ganz dem Schöngeistigen verschrieben. Alle Zimmer dieses modernen und hochkomfortablen Hauses sind jeweils einem Schriftsteller gewidmet.

Rua Castilho 6-12, T 213 57 30 94, www.eurostarsdasletras.com, Metro: Rotunda, EZ 145–170 €, DZ 160–185 €

Schönes für Backpacker

Hub New Lisbon Hostel Karte 3, C 3

Vinzenzinerpriester haben früher in diesem Gebäude gelebt. Nun ist es eines der schönsten Hostels in Lissabon, mit *azulejos* an den Wänden, einer Terrasse, und einen Raum für Tischfußball gibt es auch. Und wenn dann auch noch ein Doppelzimmer mit Flussblick frei ist...

Rua de o Século, 150, T 213 47 15 06, www.hostelshub.com/hub-new-lisbon, Bus: 758, 773, DZ 45–60 €, Schlafraum Frauen oder gemischt 15 €

Mehr Platz gefällig?

Aparthotel VIP Suites do Marques H 3

Ein modernes, hohes Gebäude, und die Terrasse mit Blick über Lissabon ist herrlich, gleiches gilt für den Pool. Alle Apartments haben eine kleine Küche für Selbstversorger. Wer etwas mehr Platz möchte, ist hier gut aufgehoben.

Avenida Duque de Loulé 45, T 213 51 04 80, www.viphotels.com, Metro: Marquês de Pombal, Apartment 2 Pers. 55–72 €, 2 Erw. und 2 Kinder 60–110 €

ZUM SELBST ENTDECKEN

Baixa
Die allermeisten Restaurants in Lissabon servieren einheimische Küche – und es gibt viele Lokale wie in der Baixa, die vor allem mittags frequentiert werden und wo das Essen dann frischer und besser schmeckt als am Abend. In der Baixa gingen vor allem die Angestellten zum Mittagessen, nicht edel, aber portugiesisch und gut. Inzwischen sind es auch viele Touristen, und die Preise ziehen an.

Docas de Santo Amaro
Früher standen hier Speicher, nun sind es Cafés, Bars und Restaurants mit herrlichem Blick auf den Tejo. Vom frischen Fisch bis zur Pizza findet sich an diesem beliebten Treffpunkt alles in mittlerer Preisklasse.

www.lifecooler.com
Die beste und aktuellste Seite, um sich über die Restaurantszene Lissabons zu informieren.

Bom apetite!

... heißt es in Lissabon eigentlich ständig. Auch wer nur wenige Tage in Lissabon weilt, wird alsbald merken, welch hohen Stellenwert das Essen hier hat und welch großen Raum es im alltäglichen Leben der Portugiesen einnimmt. Erschwingliche Restaurants gibt es immer noch an fast jeder Ecke, und den meisten Lissabonnern ersetzen sie am Mittag die Firmenkantine und am Abend die eigene Küche. Immerhin geben die Portugiesen den größten Teil ihres Einkommens für Miete und Essen aus.

Dabei ist das portugiesische Frühstück eher unbedeutend: Ein Milchkaffee im Stehen, dazu vielleicht ein kleiner Kuchen oder ein Toast mit Butter, *torrada* genannt – viel mehr gibt es am Morgen normalerweise nicht. Mit dem Mittagessen geht das kulinarische Leben dann in die Vollen: Oliven, Brot, Suppe, Hauptgericht, Nachtisch, Kaffee, Tresterschnaps oder Whisky – klar, dass sich die halbstündige Mittagspause in Portugal nie durchsetzen konnte.

Aber auch zwischen den Mahlzeiten gibt es keinen Grund für Magengrummeln: Kleine Kuchen, Pasteten und Salziges mit einem Imperial, einem Bier vom Fass, bringen einen gut durch den Tag. Das Abendessen fällt normalerweise ebenso üppig wie der Mittagstisch aus. Vor den beliebten Restaurants bilden sich am Abend gern lange Schlangen.

Ribeira das Naus am Tejo: Es gibt schlechtere Plätze.

SO BEGINNT EIN GUTER TAG IN LISSABON

Café für alle
Mexicana J 1
An der Praça de Londres, ganz in der Nähe der schicken Shoppingmeile Avenida de Roma, liegt seit den 1960er-Jahren das Mexicana. Damals gab es dort sogar einen Barbier. Originell ist im Inneren ein Wandbild aus Kacheln. Hier trifft man alle Altersgruppen beim Kaffeeschlürfen.
Avenida Guerra Junqueiro, 30 C, T 218 48 61 17, Metro: Alameda, Mo–Fr 9–17 Uhr

Jugendstil-Institution
Pastelaria Versailles H 2
Eines der großen Lissabonner Kaffeehäuser: 1925 eröffnet und vom Jugendstil geprägt, ist es heute eines der letzten Refugien für Lissabonner Damen. Zur Teestunde versammeln sie sich hier, vornehm gekleidet – der Würde des Ortes angemessen.
Avenida da República, 15, T 213 54 63 40, Metro: Saldanha, tgl. 7.30–22 Uhr

Klassisch
Café Pastelaria Benard
Karte 3, D 5
Es muss ja nicht immer das Café Brasileira sein. Nur wenige Schritte davon entfernt lockt einer der Klassiker des Chiado. Wunderbar sind die hausgemachten Kuchen, die Schokocroissants sollen die besten der Stadt sein. Und auf der Esplanade davor lässt sich das lebendige Leben entspannt beobachten.
Rua Garrett, 104, T 213 47 31 33, Metro: Baixa-Chiado, tgl. 8–23 Uhr

Immer wieder die 28
28 Café Karte 3, F 4
Immer noch nicht genug von der *eléctrico 28*? Dann ab ins Café 28, das im Inneren der berühmten Tram nachgebaut ist. Und so dicht am Schloss ist es auch noch sehr schön gelegen.
Rua de Santa Cruz do Castelo, 45-47A, T 218 86 01 19, Tram: 28, tgl. 10–19 Uhr

Pastéis de Belém gehen immer.

WO ESSEN AUF NACHHALTIGKEIT TRIFFT

Mit allen Sinnen
Jardim dos Sentidos Karte 3, C 3
Wenn es heiß wird in Lissabon, findet man im Innenhof dieses freundlichen vegetarischen Restaurants ein wunderbares Plätzchen, an dem es sich gut aushalten lässt. Mittags gibt es normalerweise ein vielseitiges Buffet, der Tee gehört dazu, andere Getränke gehen extra.
Rua da Mãe d'Água, 3, T 213 42 36 70/71, www.jardimdosentidos.com, Metro: Restauradores, Mo–Fr 12–15, Mo–Sa 19–22.30 Uhr, Menü ca. 16 €

Fleischlos glücklich
Restaurante Vegetariano PSI H 4
Wer es nicht kennt, findet es kaum. Gelegen in einem kleinen Garten mit Teich, inspiriert von der indischen und der pakistanischen Küche rechnet es zu den besten vegetarischen Restaurants der Stadt. Nach einem Tag in Lissabon ein empfehlenswerter Ort, um bei Kerzenlicht zu speisen.

Alameda St António Capuchos, T 213 59 05 73, www.restaurante-psi.com, Bus: 723, 730, 760, 767, Mo–Sa 12.30–15.30, 19.30–22.30 Uhr, Menü ca. 14 €

Auch biologisch einwandfrei

Pachamama G 7

Im ersten biologischen Restaurant der Stadt werden alle Gerichte aus Bio-Produkten und natürlich in der eigenen Küche hergestellt. Eine Speisekarte sucht man vergeblich, aber immer gibt es ein vegetarisches und ein Fischgericht.

Boqueirão do Duro, 46, T 215 98 76 50, www.pachamama.pt, Metro: Cais do Sodré, Mo–Do 11–19, Fr–Sa 11–2 Uhr, Menü 14 €

Speisen wie ein Buddha

Os Tibetanos Karte 3, C 2

Freunde der vegetarischen Küche haben hier einen kulinarischen Anlaufpunkt. Die Betreiber sind Buddhisten und zeigen mit ihrem kleinen Restaurant, wie fantasie- und geschmackvoll diese Küche sein kann. An warmen Sommerabenden lockt der angenehme Innenhof ins Freie.

Rua do Salitre, 117, T 213 14 20 38, www.tibetanos.com, Metro: Rato, Mo–Fr 12.15–14.45, 19.30–22.30, Sa 12.45–15.30, 20–23 Uhr, Menü ca. 18 €

T TASCA

Eine alte Lissabonner Institution, die **›Tasca‹**, droht zu verschwinden. So heißen einfache, preiswerte Restaurants, die ganz und gar unprätentiös daherkommen: Ein Wirt, eine Theke, bescheidenes Mobiliar, ältere Gäste beim Domino, ein Glas Rotwein und preiswertes Essen. Nur noch gelegentlich finden sich diese urigen Kneipen. Wenn sich inzwischen einige Lokale wieder *tasca* nennen, dann hat das nicht mehr viel mit dem Original zu tun. Genausowenig wie die *tabernas* – auch so eine Modeerscheinung.

Erdverbunden

Restaurante Terra G 6

Terra heißt Erde und der Name ist hier Programm. Am schönen Garten Príncipe Real bietet dieses Restaurant vegetarische Küche in drei Sälen, einer davon ein Garten. Traditionell eingerichtet und sehr gute Küche. Deshalb besser einen Tisch reservieren.

Rua da Palmeira, 15, T 213 42 14 07, www.restauranteterra.pt, Bus: 758, 773, Di–So 12.30–15.30, 19.30–24 Uhr

Institutionen und Szenetreffs

Spitzenreiter mit Tradition

Gambrinus Karte 3, D 3

Einst war es eine kleine *tasca,* nun zählt es zu den kulinarischen Spitzenreitern. Obwohl das Essen recht teuer ist und die Preise je nach Langusten und Hummer variieren, ist das Geld für die hervorragenden Fischgerichte keinesfalls verschwendet. Schließlich isst man hier in *dem* traditionellen Fischrestaurant Lissabons. Der Speisesaal bietet Platz für 100 Personen, an der Theke am Eingang bekommt man auch ein Bier und kleinere Speisen.

Rua das Portas de Santo Antão, 23, T 213 42 14 66, www.gambrinuslisboa.com, Metro: Rossio, tgl. 12–1.30 Uhr, Menü 65 €

Hip speisen

Cantina LX C 8

Zum angesagten Fabrikgelände passt die meist gut besuchte Cantina hervorragend. Serviert wird gutes portugiesisches Essen für ein recht junges Publikum in einem Ambiente, in dem kein Stuhl, Tisch oder Teller dem anderen gleicht.

Rua Rodrigues Faria 103, T 213 62 82 39, Bus: 712, 713, 752, 727, 742, Di–Sa 9–24 Uhr, So/Mo nur Mittagessen, Menü ca. 16 €

Alte Pracht

Tavares Rico Karte 3, D 4

Prunkvolle Innenausstattung mit viel Gold, Spiegeln und Kronleuchtern. Das Tavares Rico ist zweifellos ein nobler und historischer Ort. Im 1784 eröffneten

Hip ohne Mühe: die Cantina in der LX Factory

Lokal tafelte schon der Gourmet und Schriftsteller Eça de Queirós. Und auch heute noch trifft man auf manche Berühmtheit des Landes, und inzwischen gibt es auch einen Michelin-Stern. In der Tat eines der schönsten Restaurants Portugals mit einer außerordentlich guten Küche.

Rua da Misericórdia, 37, T 213 42 11 12, www.restaurantetavares.net, Metro: Baixa-Chiado, Mo–Sa 19.30–23 Uhr, Menü um 70 €

Die guten alten Zeiten

Botequim Karte 3, G 3

1968 gründete die Dichterin und Politikerin Natália Correia das Botequim. Auf den Azoren geboren und in Brasilien aufgewachsen trat sie auch in der Zeit der Diktatur in Portugal unerschrocken für Menschenrechte und die Freiheit der Kultur ein. Für einen Band mit erotischer Poesie wurde sie zu drei Jahren Gefängnis (auf Bewährung) verurteilt. Bis zu ihrem Tod blieb das Botequim ein Künstlertreff. Seit 2010 lebt hier wieder der alte Geist von Fado und Poesie. Gegessen werden zumeist Tapas, und natürlich ist alles ganz traditionell portugiesisch. Sehr lohnend.

Largo da Graça 79, T 218 88 85 11, www.botequim.net, Tram 28, Do–Di 14–2, Mi 17–2 Uhr, Menü ca. 22 €

Alter Hase

Faz Figura L 6

Dank der Glasveranda kann man hier den Blick auf den Tejo auch bei regnerischem Wetter genießen. Schon seit 1974 gibt es dieses geräumige Restaurant oberhalb des Bahnhofs Santa Apolónia. Das Lokal serviert eine modernisierte portugiesische Küche und bietet auch zwei bis drei vegetarische Gerichte.

Rua do Paraíso, 15 B, T 218 86 89 81, www.fazfigura.com, Metro: Santa Apolónia, tgl. 12.30–15, 19.30–23 Uhr, Menü etwa 33 €

Spezialist
O Muni Karte 3, E 4
In diesem Restaurant wird die galicische Küche gepflegt. Jahrelang war in dem Kellergewölbe eine Kneipe, bevor sie 1974 in ein Restaurant umgewandelt wurde. Gepflegtes Ambiente. Bemerkenswert ist die große Auswahl an Weinen. Hier verkehrt der Mittelstand und erfreut sich z. B. an *coelho à caçador*, Kaninchen nach Jägerart, oder an *bacalhau*, der in schmackhaften Variationen zubereitet wird.
Rua dos Correeiros, 115, T 213 42 89 82, Metro: Rossio, Mo–Fr 12–22.30 Uhr, Sa/So, Fei geschl., Menü ca. 21 €

Mögen Sie Gin?
Taberna Moderna Karte 3, F 5
Tabernas sind eine gastronomische Mode in Lissabon: In dieser werden vor allem kleine, iberische Leckereien serviert, die man sich dann teilen kann. Und ab 19.30 Uhr können Sie aus mehr als 60 verschiedenen Sorten Gin Ihren Favoriten wählen.
Rua dos Bacalhoeiros 18 A, T 218 86 50 39, www.facebook.com/taberna.moderna/, Metro: Terreiro de Paço, Di–Sa 13–15.30, 20–2 Uhr, Menü ca. 23 €

Typisch Graça
O Pitéu Karte 3, G 3
Die Bewohner des historischen Graça-Viertels kommen sehr gerne hierher. Serviert wird gutes portugiesisches Essen wie *bacalhau* und Gegrilltes. Die Köche verstehen ihr Handwerk und das Ambiente ist freundlich. Und wo Einheimische speisen, kann man kaum irren.
Largo da Graça, 95, T 218 87 10 67, Tram: 28, Mo–Fr 12–22, Sa 12–15 Uhr, Menü etwa 19 €

Gegenüber von Pessoa
Restaurante Trempe E 5
Kleines, viel besuchtes Restaurant in Campo de Ourique, gegenüber der Casa Fernando Pessoa. Die Einrichtung ist vom Landleben Portugals bestimmt und auch das Essen ist traditionell portugiesisch, egal ob Fisch oder Fleisch. Ein Familienbetrieb mit freundlicher Bedienung und ausgezeichnetem Preis-Leistungs-Verhältnis.
Rua Coelho da Rocha, 11/13, T 213 90 91 18, Tram: 25, 28, Mo–Sa 12–23 Uhr, Menü ca. 25 €

Portugiesen mögen stilvolles Understatement auch in ihren Restaurants.

Polit-Promis am Nebentisch

Solar dos Presuntos Karte 3, D 3

In diesem etwas vornehmeren Restaurant wird der Kenner der politischen Landschaft Portugals manch bekanntes Gesicht erkennen. Schließlich kommen Politiker fast aller Parteien gerne in dieses traditionell eingerichtete Restaurant, auch Marcelo Rebelo de Sousa, der aktuelle Präsident des Landes, wurde schon öfter gesichtet. Gute Landesküche und ebensolche Weine in einem dezent gehobenen, traditionellen Rahmen mit gutem Service.

Rua das Portas de Santo Antão, 150, T 213 42 42 53, www.solardospresuntos.com, Metro: Rossio, Mo–Sa 12–15, 19–22.30 Uhr, Menü ca. 40 €

Seit den 20er-Jahren

Adega da Tia Matilde F 1

Tante (Tia) Matilde wurde sie genannt, so vertraut war sie ihren Gästen. Und ihr Sohn Emílio benannte dann das Restaurant nach ihr. Ihr kleines Lokal mauserte sich seit den 1920er-Jahren von einer einfachen Tasca zu einem der bekanntesten Restaurants der Stadt. Und Portugals Fußballikone Eusébio war 50 Jahre lang hier Stammgast, ein Adoptivsohn des Hauses. Das Essen ist traditionell, das Ambiente freundlich, und im Februar/März gibt es *Lampreia*, Neunauge, eine etwas gewöhnungsbedürftige Spezialität. Die Portionen sind sehr groß – zwei Personen werden locker satt – und das macht die Sache auch preiswerter.

Rua Beneficência, 77, T 217 97 21 72, www.adegatiamatilde.pt, Metro: Entre Campos, Di–Fr 12–16, 19–24, Sa 12–15.30 Uhr, Menü ca. 30 €

Stars & Sternchen

A Varina da Madragoa F 7

Hier ging auch José Saramago, einer der bekanntesten Schriftsteller des Landes, gerne traditionell essen, wenn er in Lissabon war. Das schlicht, aber freundlich eingerichtete Restaurant zieht jedoch nicht nur Literaten an. Auf den zahllosen Fotografien an den Wänden ist auch manch andere Persönlichkeit des öffentlichen Lebens zu entdecken.

Rua das Madres, 34–36, T 213 96 55 33, Bus: 706, 727, 760, Di–Fr, So 12–15.30, 19.30–24, Sa 19.30–24 Uhr, Menü ca. 24 €

Steak und Bier nicht nur für Holzfäller

Cervejaria Portugália J 3

In dem Brauhaus, das mittlerweile mehrere Filialen in der Stadt hat, geht es lebhaft und laut zu; sympathisches Ambiente. Zum Bier wird traditionelles Essen serviert, auch sehr gute Meeresfrüchte. Der Kellner wird vor allem *bife* (Steak) empfehlen, das in allen Variationen zubereitet wird.

Avenida Almirante Reis, 117, T 213 14 00 02, www.portugalia.pt, Metro: Anjos, tgl. 12–24 Uhr, Menü ca. 23 €

Blickfänge

Ponto Final südl. H 8

Der Blick von einem der Tische direkt am Fluss auf die Stadt bei Sonnenuntergang ist einfach traumhaft. Dafür lohnt auch die Anreise: Mit der Fähre setzt man von der Praça do Comércio bzw. vom Cais do Sodré nach Cacilhas über. Nach 10

ZUM FRESSEN GERN

Tastes of Lisbon

Wie schmeckt eigentlich Lissabon? Das erfahren Sie bei kulinarischen Touren, die Sie hier auf Englisch buchen können: Ob eine Esskulturfahrt mit den ökologischen Tuk-Tuks oder ein Spaziergang durch die Unterstadt und die multikulturelle Mouraria, alle Touren bringen Sie in Kontakt mit der im Land unglaublich hoch geschätzten Esskultur und der Freude an der portugiesischen Küche. Dabei werden zwischen fünf bis sechs Restaurants besucht und landestypische Leckereien gekostet. Die Geschichten aus der Nachbarschaft werden brühwarm dazu serviert. Wer es noch genauer wissen möchte, nimmt direkt an einem Kochkurs teil. www.tasteoflisboa.com/

M
MÄRKTE

Marktschreierisch mögen sie wirken, die für ein nicht ganz armes Publikum neu gestalteten **Märkte** in **Ajuda** (Karte 2) und **Campo de Ourique** (E 5) sowie der **Mercado da Ribeira** (Karte 3, C 6). Beliebte Treffpunkte aber sind sie quasi über Nacht geworden. Sonderlich originell ist das Konzept eigentlich nicht, man kennt es auch aus anderen europäischen Metropolen. Aber erfolgreich ist es auch in Lissabon. Hier trifft man sich auf ein Glas Wein oder zum Essen; verschiedene Essensstände bieten große kulinarische Auswahl, auch Livemusik gibt es gelegentlich. Eine Attraktion, die sich auch unter Touristen immer größerer Beliebtheit erfreut.

Min. Fußweg am Kai entlang erreicht man am Ende das Restaurant. Serviert werden sehr gute portugiesische Küche und gute Weine. Die Bedienung ist so freundlich und unaufdringlich, dass man gar nicht mehr weg möchte. Obwohl der Weg dorthin – besonders am Abend – etwas schmuddelig wirkt, ist das Ponto Final im Sommer *der* Restauranttipp.

Cais do Ginjal, 72, Cacilhas, T 212 76 07 43, tgl. 12–23 Uhr, Menü 28 €

Traditionell

O Funil H 1

Unter den Klassikern Lissabons eines der preiswerteren Restaurants. Seit 1971 wird in dezenter, inzwischen etwas modernisierter Ausstattung gute Küche geboten. Die *meia dose,* die halbe Portion, reicht bei den üppigen Mengen völlig aus.

Avenida Elias Garcia, 82 A, T 210 96 89 12 und T 925 35 49 25, www.ofunil.com, Metro: Campo Pequeno, Mo–Sa 12–15, 19.30–23 Uhr, Menü ca. 25 €

Aussichtsreich

Tágide Karte 3, E 5

Schon seit 1975 begeistert dieses Restaurant seine Gäste mit dem schönen Speisesaal und herrlichem Blick über die Stadt. Das Essen gibt sich traditionell – vor allem Fisch, Ente, Lamm –, doch jedes Gericht wird durch seine Zubereitungsweise zur Spezialität.

Largo da Academia Nacional de Belas Artes, 18, T 213 40 40 10, www.restaurantetagide.com, Metro: Baixa-Chiado, Mo–Sa 12.30–15, 19.30–24 Uhr, Menü ca. 38 €

Den Tejo vor Augen

Último Porto E 8

Im Gebäude des Flussbahnhofs findet man dieses einfache Lokal mit typisch portugiesischen Gerichten. Neben dem auf Holzkohle gegrillten Fisch ist der Blick von der Esplanade auf den Tejo ein Highlight.

Estação Marítima Rocha do Conde de Óbidos, T 213 97 94 98, Tram: 15, 18, Bus: 714, 728, 732, Mo–Sa 9–17 Uhr, Menü ca. 15 €

Trás-os-Montes

Via Graça Karte 3, G 2

Wieder so ein Restaurant, in dem man unbedingt am Fenster sitzen sollte: Lissabon liegt dann wie eine Postkarte vor dem Betrachter. Die Küche orientiert sich an den Regionen des Landes.

Rua Damasceno Monteiro, 9 B, T 218 87 08 30, Tram: 28, Mo–Fr 12.30–15, 19.30–23, Sa 19.30–23 Uhr, Menü um 36 €

Er ist es wert

O Porto de Santa Maria Karte 5, westl. von Cascais

Nun gut, es liegt ca. 30 km außerhalb von Lissabon. Aber für Portugiesen stellt solch eine Entfernung niemals ein Hindernis dar. Die Lage direkt am Atlantik und die Aussicht sind umwerfend. Hier werden vor allem Fisch und Meeresfrüchte serviert, aber auch die anderen Gerichte sind überaus empfehlenswert. Eine der Spezialitäten des Hauses ist *peixe no pão,* im Brotteig gebackener Fisch.

Estrada do Guincho Cascais, T 214 87 94 50, www.portosantamaria.com, tgl. 12–15.30, 19.30–22.30 Uhr, Menü über 50 €

Sie mögen politischen Buschfunk? Dann ab ins Solar dos Presuntos.

Fondue for two

Restaurante Found You Karte 3, C 4

Für portugiesische Verhältnisse ist ein Restaurant, das sich ganz dem Fondue verschreibt, eher ungewöhnlich. Und doch gibt es hier für so ziemlich jeden Geschmack etwas, vom vegetarischen Fondue mit Käse und Sekt über eine chinesische Variante bis hin zu Fisch, Fleisch und Meeresfrüchten. Wer nicht platzen will, kommt zu zweit.

Travessa dos Inglesinhos 34-40, T 213 46 11 37, www.foundyou.pt, Metro: Baixa-Chiado, Mo–Fr 18–1, Sa/So, 14–1 Uhr, Menü ca. 25€

EXPERIMENTIERFREUDIG

Für milde Sommerabende

Chapitô Karte 3, F 4

Die Restaurantterrasse unterhalb des Castelo de São Jorge gehört zu den schönsten von ganz Lissabon. Hier gibt es viele künstlerische Aktivitäten und sogar eine Schule für Clowns. Das Ambiente kommt etwas alternativ rüber, die Küche ist portugiesisch und gut. Das Beste aber ist der Blick über die Unterstadt und den Fluss.

Costa do Castelo, 1, T 218 87 50 77, www.chapito.org, Tram: 28, Mo–Fr 12–24, Sa/So 19.30–24 Uhr, Menü ca. 25 €

Angolanisch & afrikanisch

Casa da Morna & Semba C 8

Lust auf Cachupa? Der Mais- und Bohneneintopf ist das Nationalgericht der Kapverdischen Inseln. Oder auf Moamba, eine Spezialität aus Angola und Mozambik. Hier finden Sie viele Gerichte der afrikanischen Küche aus den portugiesischsprachigen Ländern Afrikas. Und dazu gibt es dann noch Livemusik, etwa von Dany Silva, einem der bekanntesten Sänger der Kapverden. Also Zeit mitbringen.

Rua Rua Cozinha Económica 11, T 213 62 11 69, Menü ca. 30 €

Positiver Einfluss

Cantinho da Paz G 6

Der portugiesische Einfluss auf die indische Küche spiegelt sich in den Gerichten aus der ehemaligen Kolonie Goa wider: Fischcurry, Curry mit Gambas, Lamm oder Rind in scharfer Soße. Alles hier ist schmackhaft und sehr scharf. Aber Sie können auch mildere Varianten in diesem freundlichen Restaurant wählen.

Rua da Paz, T 213 90 19 63, Tram: 28, Mo–Sa 12.30–14.30, 19.30–22.30 Uhr, Menü ca. 22 €

Freizeitpark Einkaufszentrum

Da ist nichts zu machen, die Lissabonner lieben ihre gigantischen Shoppingcenter, die sich in der ganzen Stadt finden. Und der Reisende mag sich fragen, wer das alles kaufen soll. In Benfica gibt es das Centro Comercial Colombo: Es ist eines der größten Einkaufszentren Europas. In ihrer Freizeit bummeln die Portugiesen zufrieden durch diese Center, machen dort ihre Einkäufe, gehen ins Kino, zum Bowling oder zum Essen.

Die gängigen Marken sind im Allgemeinen teurer als in Deutschland, Schnäppchen sind hier nicht zu machen. Und das gilt auch für die großen Filialisten wie H&M und Zara. Etwas günstiger und dennoch stilecht geht es auf den Kleidermärkten zu. Aber einige Besonderheiten gibt es doch, etwa der fein gearbeitete portugiesische Schmuck, den man bei den zahlreichen Juwelieren in der Baixa erstehen kann. Ebenfalls recht preiswert sind immer noch Lederwaren wie Taschen und Schuhe, die vor allem im Norden des Landes gefertigt werden. Auch portugiesische Spezialitäten lohnen sich, der Portwein, der Rotwein, die vielen Käsesorten in all ihrer regionalen Vielfalt.

Mode wurde in Portugal fast ausnahmslos importiert. Inzwischen sorgen Modeschöpfer wie Ana Salazar, die von der Insel Madeira stammende Fátima Lopes, und Isilda Pelicano für heimische Alternativen.

Groß, größer, Centro Comercial Vasco da Gama

ZUM SELBST ENTDECKEN

Kleine, manchmal feine Läden und einzigartig, Fachgeschäfte gibt es in den **Nebenstraßen der Baixa. In der Rua Augusta** sind inzwischen vor allem bekannte Ketten anzutreffen. Und wem das nicht genug ist, der geht zum Shopping über die **Avenida de Roma.** In den letzten Jahren hat sich darüber hinaus das Bürgerviertel **Campo de Ourique** mit vielen neuen Geschäften zum attraktiven Einkaufsviertel gemausert. Beliebt ist auch der **Chiado,** wo sich neben vielen Buchhandlungen und Modegeschäften das Medienkaufhaus FNAC befindet.
Luxus bietet die **Avenida da Liberdade,** die Preise sind dementsprechend.

BÜCHER UND MUSIK

Buchkultur at its best

Barata nördl. J 1

Eine der besten Buchhandlungen der Stadt. Alle Arten von Büchern; auch internationale Zeitungen und Zeitschriften. Steht eine der häufigen Lesungen an, verwandelt sich die Buchhandlung in ein kleines Kulturcenter.

Avenida de Roma, 11, www.barataonline.pt, Metro: Roma, Mo–Sa 9–23 Uhr

Alt und neu

Livraria Trindade Karte 3, D 5

Neuerscheinungen bekommt man seit 1960 gebraucht am schnellsten hier, aber auch viele alte fremdsprachliche Bücher schlummern in den Regalen. Inzwischen spezialisiert sich die Buchhandlung mehr und mehr auf Wissenschaftsliteratur.

R. Alecrim 32-36. www.livraria-trindade.pt, Metro: Baixa-Chiado, Mo–Fr 9–18.30, Sa 9–14 Uhr

Klassiker

Bertrand Karte 3, E 5

Zum Repertoire der großen Buchhandelskette gehören auch schöne Kinderbücher und Neuerscheinungen. In der 1a-Sprachenabteilung kann man seine Portugiesisch-Kenntnisse aufbessern.

Rua Garrett, 73, T 213 47 61 22, www.bertrand.pt, Metro: Baixa-Chiado, Mo–Fr 9–19, Sa 9–13 Uhr.

Filialen: Centro Cultural de Belém; Avenida de Roma, 13 B; Rua Dona Estefânia, 46; Rua Dr. João Soares, 4 A

Kulturshopping

FNAC Karte 3, E 5

Großes Angebot von Büchern über Hifi, Computern bis hin zu CDs. Ein weiterer Laden dieser französischen Kette findet sich im Centro Comercial Colombo. Mit Kulturprogramm und Kartenvorverkauf.

Rua Nova do Almada, 104, T 213 22 18 00, Metro: Baixa-Chiado, tgl. 10–22 Uhr

Durch und durch sympathisch

Ler Devagar C 8

Ein MUSS für Bücherfans, *die* Antwort auf all die Buchladenketten. Und es funktioniert. In der LX Factory sind sie auch genau am richtigen Ort. Ler Devagar ist auch Initiator des Literaturdorfs Óbidos. Unterstützenswert.

Rua Rodrigues Faria, 103, Gebäude G 0.3, www.lerdevagar.com, Mo 12–21, Di–Do 12–24, Fr/Sa 12–2, So 11–21 Uhr, Bus: 56, 60, 714, 720, 727, 732, 738, 751

DELIKATESSEN UND LEBENSMITTEL

Kaffee oder Tee?

Casa Pereira Conceição Karte 3, E 5

Wer Kaffee, Schokolade oder Tee in allen Varianten kennenlernen möchte, ist hier richtig. Umgeben vom Duft gemahlenen Kaffees kann man sich auch Kaffeemühlen und -geschirr anschauen.

Rua Augusta, 104, Metro: Rossio, Mo–Sa 9.30–13, 15–19 Uhr

Indische Spezialitäten

Sakoni Karte 3, F 3

Die Umgebung ist nicht schön, der Martim Moniz noch immer ein Fremdkörper in der Stadt, aber ist man in Lissabon auf den Geschmack der Küche Indiens bzw. Goas gekommen, kann man sich hier sogleich mit den notwendigen Zutaten eindecken. Zudem werden noch Süßigkeiten und verschiedene Schönheitsprodukte angeboten.

Centro Comercial da Mouraria, Laden 230, Avenida Almirante Reis, Metro: Martim Moniz, tgl. 9–20 Uhr

Portugal nostalgisch

A Vida Portuguesa Karte 3, D 5

Nur portugiesische Produkte finden sich hier, und viele in altem Design neu aufgelegt: Sardinenbüchsen, Portwein, Musik, Strandstühle oder Seifen – hier wird man fast immer fündig.

Rua Anchieta 11, Metro: Baixa-Chiado, Mo–Sa 10–20, So 11–20 Uhr

Leckere Tröpfchen

Garrafeira de Campo de Ourique E 5

Sehr gute Auswahl an nationalen Weinen, nach Regionen geordnet. Hier

bekommt man auch den beliebten Straucherdbeerschnaps Medronho. Auch der dazugehörende Spezialitätenladen gegenüber lohnt einen Besuch.
Rua Tomás de Anunciação, 29, Tram: 25, 28, Mo–Fr 9–13, 15–19, Sa 9–13 Uhr

Portwein-Crashkurs
Instituto do Vinho do Porto
Karte 3, D 4
Mehr als 300 Sorten Portwein kann man hier probieren und kaufen. Für Freunde dieses Getränks ist der Besuch fast schon gesetzt. Das Personal erklärt, für welche Gelegenheit sich ein roter oder weißer Portwein anbietet, ob man ihn vor oder nach dem Essen trinkt, was ein Vintage ist und welche Gläser sich am besten eignen. Und ganz allmählich wird man zum Experten.
Rua São Pedro de Alcântara, 45, Metro: Baixa-Chiado, Mo–Sa 10–20 Uhr

Weltbeste Schokolade
Cioccolato e Caffè G 5
Der Italiener Claudio Corallo lebt in der ehemaligen portugiesischen Kolonie São Tomé e Príncipe, seine Schokolade verkauft er in seinem Laden in Lissabon. Dort soll es auch den weltweit besten Kaffee geben. Für jeden Tag ist vor allem die Schokolade ein wenig teuer, aber als Geschenk ist sie ebenso wie der Kaffee ein heißer Tipp. Und eine Kostprobe vor Ort sollten Sie auf jeden Fall wagen.
Rua Cecílio de Sousa, 85, Bus: 758, Mo 14.30–19.30, Di–Fr 9.30–19.30, Sa 10–20 Uhr

FLOH- UND STRASSENMÄRKTE

Blumenpracht
Mercado das Flores Karte 3, E 4
Täglich außer Sonntag findet auf dem Rossio ein kleiner Blumenmarkt statt. Blumenläden sind in Lissabon noch immer eine Rarität, und so versorgen sich viele hier damit. Auf dem rundum renovierten Hauptplatz entfaltet der Markt wieder seine Farbenpracht.
Praça Dom Pedro IV, Metro: Rossio, Mo–Sa 7–14 Uhr

»Diebesmarkt«
Feira de Ladra L 6
Der Flohmarkt Feira da Ladra (wörtl. »Markt der Diebin«) besteht schon seit 1822. Gerüchte besagen, dass gestohlene Dinge hier schnell wiedergefunden werden können. Schuhe und Kleidung gibt es neben allerhand Gerümpel.
In den letzten Jahren wird dieser Flohmarkt akustisch immer stärker von CD-Verkäufern bestimmt, die ihren musikalischen, raubkopierten Kitsch dröhnend anpreisen.
Campo de Santa Clara, Metro: Santa Apolónia, Di, Sa 9–18 Uhr

Zieh dir was Hübsches an
Feira de Carcavelos westl. A 4, nahe Estoril
Auch wenn man gerade keine neue Jeans oder noch ein T-Shirt braucht, wird man an dem bunten und lauten Treiben Gefallen finden. Auf dem Markt im Vorort Carcavelos stöbert vor allem Lissabons Jugend nach Klamotten. Als leicht fehlerhafte Ware wird sie aufgekauft und hier feilgeboten.
Largo do Mercado de Carcavelos, Zug: halbstündlich von der Estação Cais do Sodré Richtung Estoril, Do 8–14 Uhr, außer Fei

Aus zweiter Hand
LX Market C 8
Jeder, der etwas zu verkaufen hat, kann sich anmelden und dann seinen Stand in dieser angesagten Umgebung aufbauen. Von Kleidung über Bilder, Bücher und CDs findet sich so ziemlich alles, was man von einem Straßenmarkt erwartet. Und da wir in Portugal sind, gibt es natürlich auch was zu essen.
Rua Rodrigues de Faria, Bus: 56, 60, 714, 720, 727, 732, 738, 751, jeden So 11–18 Uhr

Vertrödelt?
Feira de Oeiras
westl. A 4, nahe Estoril
Gerade an heißen Sonntagen ist der Antiquitätenmarkt in Oeiras, auf halbem Weg Richtung Cascais gelegen, eine willkommene Alternative zur Hitze in der Großstadt. Echte Raritäten treibt man hier zwar eher selten auf, aber

ANGESAGT

LX Factory C 8
Auf dem alten Fabrikgelände in Alcântara haben sich junge Designer, Modemacher, Architekten, Musiker etc. angesiedelt. So entstand ein kleines Künstlerviertel, mit kreativer Atmosphäre und guten Restaurants, oft auch mit Musik-Events.
Rua Rodrigues Faria, 103, Bus: 56, 60, 714, 720, 727, 732, 738, 751. Öffnungszeiten der Läden und Restaurants auf www.lxfactory.com.

Kurioses findet sich beinahe bei jedem Besuch.

Jardim Municipal de Oeiras, Zug: halbstündlich von der Estação Cais do Sodré Richtung Estoril, jeden ersten So im Monat

Bauernmarkt
Feira de São Pedro de Sintra
nordwestl. C 1, in Sintra-Colares
Auf dem bunten Markt von Sintra werden Kleidung, Hühner, Pflanzen, Obst, Möbel und all das, was man für einen ländlichen Haushalt so braucht, angepriesen. Will man seinen Garten mit portugiesischen Gewächsen bereichern, bekommt man hier die passenden Samen. Bei der Einfahrt nach Sintra merkt man bereits am Stau, dass Markt ist.

Zug: verkehrt halbstündlich von der Estação do Rossio, jeden 2. und letzten So im Monat

GESCHENKE, DESIGN, KURIOSES

Ein Stück Portugal
Loja dos Descobrimentos
Karte 3, F 5
In diesem Atelier und Geschäft gibt es handgearbeitete Kacheln aus den verschiedenen Landesteilen. Nicht gerade preiswert, aber ein Besuch lohnt sich.

Rua dos Bacalhoeiros, 12 A,Tram: 18, 25, Bus: 28, 35, 745, 759, 794, Mo–Sa 9–19 Uhr

Design auf allen Ebenen
Bazar Paraíso Karte 3, D 4
Mit der Mode portugiesischer Stylisten schmückt man sich selbst; Möbel, Glas und anderes verschönern das Heim.

Rua do Norte, 42, Metro: Baixa-Chiado, Mo–Sa 12–19 Uhr

Souvenirs, bis der Koffer platzt
Centro de Turismo e Artesanato
G 4

Vom Hahn aus Barcelos bis zu Teppichen aus Arraiolos, von Wandbildern aus *azulejos,* über Schmuck bis zu gestickten Tischdecken bekommt man hier fast alles, was kunstgewerblich in Portugal so geht. Außerdem gibt es eine große Auswahl an Port- und anderen Weinen. Da das Angebot größer ist, als was man tragen kann, schickt der Laden auf Wunsch die Ware an die Heimatadresse.

Rua Castilho, 61, Metro: Marquês de Pombal, tgl. 9–20 Uhr

Antiquitäten
Françoise Baudry Karte 3, F 5

Bei der Kathedrale findet sich dieses bekannte Antiquitätengeschäft mit feinen Stücken aus aller Welt, Karten und Bildern.

Rua Augusto Rosa, 2–6, Tram: 28, Di–Sa 15–19 Uhr

Porzellan
Vista Alegre Karte 3, D 5

Die Firma Vista Alegre in der Nähe von Aveiro hat es mit ihrem Porzellan zu Weltruhm gebracht. Egal, ob man ein ganzes Service oder Einzelstücke erwirbt, das handgemalte Porzellan ist unbedingt eine Bereicherung fürs eigene Heim. In den Einkaufszentren Amoreiras und Vasco da Gama finden sich auch Filialen, wo man die kostbaren Stücke sogar bis 23 Uhr bekommen kann.

Largo do Chiado, 20–23, Metro: Baixa-Chiado, Mo–Fr 9–19, Sa 9.30–13 Uhr

Weitere Filialen: Rua Castilho 39 (Edifício Castil), Avenida da Igreja, 4 F

MODE UND ACCESSOIRES

Preisverdächtig
Anabela Baldaque Karte 3, C 3

Nur wenige Schritte vom Jardim do Principe Real entfernt findet sich die Boutique der aus Porto stammenden Modedesignerin Anabela Baldaque Nicht nur die sehr erschwingliche Mode – für Frauen – ist etwas ganz Besonderes. Der Laden ist so gelungen, dass das Lissabonner Stadtmagazin »TimeOut« ihn gleich zum Geschäft des Jahres 2015 auserkoren hat.

Pátio do Tijolo, 16, Di–Sa 11.30–19.30 Uhr

Die Designerin Anabela Baldaque holt sich ihren verdienten Applaus ab.

Portugiesische Mode

Ana Salazar-Moda nördl. J 1
Das Geschäft gehört der Tochter, aber Ana Salazar ist der Star der portugiesischen Mode. Hier können Sie die Mode (für Frauen) ihrer neuen Marke Ana by Herself kennenlernen. Es lohnt sich!
Avenida de Roma, 16-E, Metro: Areeiro, Mo–Sa 10–19 Uhr

Dezenter Schick

JANS concept Karte 3, C 4
Das Spektakuläre ist ihre Sache nicht, aber dennoch rechnet Isilda Pelicano zu den bekanntesten und erfolgreichsten Designern des Landes. Alle Entwürfe haben etwas Besonderes, sodass frau die hier erworbenen Stücke auch gerne mehr als eine Saison lang trägt. Besonders gut gelingen Isilda Pelicano die Arbeiten in Leder. Sie hat auch schon die Uniformen für das Personal der Fußball-Europameisterschaft in Portugal kreiert. Darüber hinaus gibt es Keramik- und Korkprodukte in der Tradition des Alentejo.
Rua da Rosa, 212, T 213 46 04 06, www.jansconcept.pt, Metro: Baixa-Chiado, Mo–Sa 11–20 Uhr

Fronkreisch, Fronkreisch

Ayer Karte 3, C 2
In dieser Boutique sind kaum portugiesische Modemacher vertreten, denn chic und elegant finden die betuchteren Lissabonner noch immer alles Französische. Ayer gilt als etwas Besonderes. Große Auswahl der großen Marken.
Avenida da Liberdade, 117 A, Metro: Avenida, Mo–Fr 9–19, Sa 9–13 Uhr

Auf den Hut gekommen

Azevedo Rua Karte 3, E 4
Der Laden auf dem Rossio, dem Hauptplatz in der Unterstadt, hat sich ganz den Hüten verschrieben: Herren- und Damenhüte, Mützen, traditionelle Kopfbedeckungen. Gewiss ist für jeden Kopf etwas dabei.
Praça Dom Pedro IV, 73, T 213 42 75 11, www.azevedorua.com, Metro: Rossio, Mo–Fr 9.30–19, Sa 10–14.30 Uhr

Lederwaren

Casa Canadá Karte 3, E 4
Neben Kleidung, Taschen und Koffern gibt es hier auf der Lissabonner Einkaufsmeile viele Accessoires aus Leder zu kaufen.
Rua Augusta, 228–232, Metro: Rossio

Angesagt

Espaço Fátima Lopes H 4
Fátima Lopes war mehr als zwei Jahrzehnte eine feste Größe im Bairro Alto, bevor es sie im Frühjahr 2016 in die Nähe der Avenida da Liberdade zog. Vielen gilt die von der Insel Madeira stammende Designerin als der heißeste Tipp in allen Modefragen. Mit ihren eher schrillen Kreationen hat sie sich einen internationalen Ruf erworben. Momentan macht die Designerin in ihrem Atelier Mode nur auf Anfrage. Bald aber wird hier auch wieder eine neue Boutique eröffnet.
Rua Rodrigues Sampaio, 96. T 213 24 05 50, www.fatimalopes.com, Metro: Avenida

SCHMUCK

Tradition

Ourivesaria Sarmento Karte 3, E 5
In der Baixa, in der »Straße des Goldes«, finden sich noch viele Juweliere. Die Straßen des Viertels wurden nach den Handwerken benannt, die dort einst ansässig waren. Sarmento ist eines der ältesten Schmuckgeschäfte mit einer langen Tradition.
Rua do Ouro, 251, Metro: Rossio, Mo–Fr 9.30–13, 15–19, Sa 9.30–13 Uhr

Edel

Ourivesaria Silva Karte 3, D 5
Der bekannte Juwelier führt alten Schmuck sowie Einzelstücke. Die schönen Silberarbeiten sind aber ziemlich teuer – zumindest für portugiesische Verhältnisse.
Praça Luís de Camões, 40, Metro: Baixa-Chiado, Mo–Fr 9.30–13, 15–19, Sa 9–13 Uhr

Eldorado für Nachtschwärmer

Lissabons Nächte sind lang. Schon seit geraumer Zeit wird das Nachtleben der Hauptstadt zu den bekanntesten Europas gerechnet. Das Leben in den Bars und Diskotheken nimmt erst gegen 23 Uhr richtig Fahrt auf und geht dann bis in die frühen Morgenstunden.

Eine Bar ist nicht mit einem Nachtclub gleichzusetzen, die Lissabonner Bars sind vielmehr Kneipen mit gehobeneren Preisen. Wer in die Discos rein darf, bestimmen die Türsteher, die von unerwünschten Gästen einen extrem hohen Mindestkonsum fordern oder ihnen den Eintritt schlichtweg verweigern. In den letzten Jahren gab es dabei immer wieder Stress zwischen diesen Türstehern und verärgerten Besuchern, insgesamt aber kann man sagen: Das Lissabonner Nachtleben ist relativ sicher, und die allermeisten Nachtschwärmer wollen sich nur amüsieren. Stark betrunkene Gäste sind die Ausnahme, traditionell trinkt man nach dem Abendessen in Portugal nicht mehr viel. Allerdings tauchen immer öfter Designerdrogen wie Ecstasy und Crystal Meth auf.

Seit Jahren schon sind auch afrikanische Diskotheken in Mode. Aber vor 1 Uhr lohnt dort ein Besuch kaum, erst dann beginnt allmählich die Livemusik und das Tanzen. Vielleicht machen Sie es ja so wie manch einer der Gäste: Erst schlafen, dann in die Disco und danach weiter zur Arbeit oder zum Stadtbummel.

In puncto Nachtleben eine sichere Bank: Bairro Alto

ZUM SELBST ENTDECKEN

Hier ist was los
In drei Zentren spielt sich im Allgemeinen das Nachtleben ab: Im **Bairro Alto,** auf der **Rua 24 de Julho** und am **Tejo-Ufer in Alcântara.** Inzwischen ist aber auch mit dem **Parque das Nações** ein neuer Hotspot des Nachtlebens mit Spielkasino, Restaurants und Bars herangewachsen, der sich immer größerer Beliebtheit erfreut. In und gerne auch vor den Kneipen der **Rua das Janelas Verdes** treffen sich des Nachts inzwischen immer mehr Leute, vor allem Jugendliche. Ein Grund dürften die etwas preiswerteren Getränke sein.

BARS UND KNEIPEN

Eng, alt, in
Procópio Bar F 4

Seit mehr als 40 Jahren lieben die Lissabonner das Procópio. Sehr geräumig ist es nicht und auch nicht hell, aber etwas ganz Besonderes auf jeden Fall. Künstler und Intellektuelle kommen gerne hierhin, um in bordeauxrot und gold gehaltenem Ambiente einen Drink zu nehmen oder eine Kleinigkeit zu essen.

Alto de São Francisco, 21 (Jardim das Amoreiras), T 213 85 28 51, www.barprocopio.com, Metro: Rato, Bus: 774, Mo–Fr 18–3, Sa ab 21 Uhr

Für Bierkenner
British Bar Karte 3, D 6

Viele Lissabonner behaupten, hier gebe es das beste Bier. Wer Lust auf ein Guinness verspürt, ist hier richtig. Seit 1918 besteht diese ruhige und sympathische Bar, in der man schön versacken kann, immerhin geht die Uhr hier rückwärts. Die Einrichtung ist schlicht, die Preise sind das Einzige, was mit der Zeit Schritt gehalten hat.

Rua Bernardino Costa, 52, T 213 42 23 67, Metro: Cais do Sodré, Mo–Do 8–24, Fr/Sa 8–2 Uhr

Pub auf Portugiesisch
Pabe G 4

Ein dezentes Pub-Restaurant, in dem sich das etwas feinere Publikum trifft. Die Lautstärke wird durch Teppiche gedämpft.

Rua Duque de Palmela, 27 A, T 213 53 74 84, Metro: Marquês Pombal, tgl. 11–2 Uhr

Kitsch und Kunst
Pavilhão Chinês Karte 3, C 3

Diese kuriose Bar im Bairro Alto, am Park Príncipe Real, hat alle Moden überstanden. An der Tür muss man klingeln, und dann beginnt das Staunen: Tausende von Miniaturen, von Bleisoldaten über Flugzeuge bis zu Eisenbahnen und Figuren gibt es in den Nischen und Vitrinen zu entdecken. Ohne jeden Zweifel einer der interessantesten Treffpunkte der Stadt und fast immer sehr voll, obwohl gut 200 Personen hineinpassen. Dennoch ein Ort, an dem man sich auch mal unterhalten kann.

Rua Dom Pedro V, 89, T 213 42 47 29, Bus: 758, 790, tgl. 18–2 Uhr

Studentisch
Nova Tertúlia Karte 3, D 4

Verächter dröhnender Discorhythmen freuen sich über die dezente Jazzmusik. Das recht ruhige Lokal punktet mit dem angenehmen Ambiente eines Studententreffs. Serviert werden auch kleinere Gerichte, vor allem aber Bier.

Rua do Diário de Notícias, 60, www.novatertulia.com, Metro: Baixa-Chiado, tgl. 16–2 Uhr

The Glamorous
Absolut Club Karte 2, Belém

In drei Ländern gibt es diese mit der gleichnamigen Vodka-Marke verbundene Bar. Sehr schön in Belém am Tejo gelegen, ist sie etwas ganz Spezielles. Wer nicht auf sein Geld achten muss und sich gerne der Öffentlichkeit präsentiert, ist hier genau richtig. Schick!

Edifício Espelho d'Água, Avenida Brasília, T 210 11 20 90, Tram: 15, Bus: 714, 727, 751, tgl. 12–15, 19–24 Uhr

Al Capone and friends
Red Frog Speakeasy Bar Karte 3, C 2

Aus Prohibitionszeiten stammt das Ambiente. Als leise gesprochen wurde, um die Polizei nicht aufmerksam zu machen. Die Cocktails im Roten Frosch sind angeblich die besten der Stadt. Und alles ist genauestens abgestimmt, vom Aussehen der Kellner über Licht und Dekoration. Sogar einen geheimen Raum gibt es, dafür muss die Tür in der Wand erst gefunden werden. Die Gäste aber erscheinen seriöser als einst in Amerika.

Rua do Salitre, 5 A, T 215 83 11 20 www.facebook.com/redfrogspeakeasy, Metro: Avenida, Mo–Sa 18–3 Uhr

Na dann: Zum Wohle!
By the Wine Karte 3, D 5

Ab in den Weinkeller mit den »José Maria Fonseca«-Weinen. Mehr als

GROSSE LEINWAND

Wer Filme gerne in Orginialsprache schaut, wird sich freuen, denn sie werden untertitelt, nicht synchronisiert. Über das Programm informieren die Tageszeitungen. Montags ist der Eintritt verbilligt, aber teuer ist es ohnehin nicht (ca. 8 €). Alle großen Einkaufszentren bieten Kinos, in denen fast nur Hollywood-Produktionen laufen. Eine Ausnahme ist die **Cinemateca Portuguesa – Museu do Cinema** (G 5). Hier gibt es Themenreihen und ausgewählte Filme. Eine willkommene Alternative in der rein auf Kommerz ausgerichteten Kinolandschaft. Das Goethe-Institut zeigt hier auch gelegentlich deutschsprachige Filme.

www.cinemateca.pt

3000 Weinflaschen bieten ein stilvolle Dekoration. Da Sie nicht alle probieren können, nehmen Sie ruhig ein paar Flaschen für zu Hause mit. Iberische Leckereien wie Flussaustern aus dem Sado oder Käse aus Azeitão, der Heimat dieser Weine, gibt es natürlich auch. Stilvoll und lecker.

Rua das Flores, 41-43,T 213 42 03 19, www.facebook.com/ByTheWineJoseMariadaFonseca/ Metro: Baixa-Chiado, tgl. 12–24 Uhr

Surfing Bairro Alto

Bali Bar Karte 3, D 4

Surfartikel gefällig? Gibt es hier im kleinen Shop. Anschließend mit Gleichgesinnten bei Snacks und Cocktails bis in die Nacht plaudern? Genau der richtige Ort. Seit 2011 besteht diese Bar mit betont enspannt einfachem und buntem Ambiente à la Bali. Und manchmal gibt es dazu auch noch Livemusik. Auf dieser Welle lässt es sich reiten.

Rua do Norte, 117, T 918 57 64 90. www.facebook.com/balibarlisbon Metro: Baixa Chiado, Mo 15–16, 20–23, Di 10–11, 15–24, Mi–Fr 12–2, Sa 13–14, 20–2, So 14–2 Uhr

LIVEMUSIK

Jazzklassiker

Hot Clube de Portugal

Karte 3, C 2

Seit den 1950er-Jahren ist dieser Club ein absolutes Muss für Jazzfans. Immer wieder gelingt an diesem vielfach ausgezeichneten Ort die Verbindung von Tradition und Moderne. Das fachkundige Publikum weiß es zu schätzen, in einem der besten Jazzclubs weltweit sein zu dürfen.

Praça da Alegria, 48, T 213 46 03 05, www.hcp.pt, Metro: Avenida, Di–Sa 22–2 Uhr

Laut und live

Paradise Garage D 7

Diese Diskothek in futuristischem Look ist der Ort für Rockmusik in der portugiesischen Hauptstadt. Hier spielen regelmäßig nationale und internationale Bands. Das Publikum ist zumeist sehr jung. Sogar Punks kommen ab und zu hierher. Mittlerweile versuchen die Betreiber, die verschiedenen Musik-Geschmäcker zu bedienen.

Rua João de Oliveira Miguéns, 38–48, T 213 97 83 26, www.paradisegarage.pt, Bus: 713, 715, 727, 742, 751, 752, 756, 760, 773, Do–So 23–6 Uhr

FADO, STAND-UP & LYRIK

Lebendig

Bibo Bar Karte 3, C 4

Vom Fado über Jazz und Rock bis zur Stand-up-Comedy: Hier gibt es abwechselnd für fast jeden Geschmack Live-Events. Und das Publikum ist begeistert.

Travessa Água da Flor, T 211 37 32 37, Metro: Baixa Chiado, Di–So 16–3 Uhr

Ein echter Fado-Klassiker

Senhor Vinho F 7

Das berühmte Fado-Haus, von der bekannten Genre-Größe Maria da Fé bereits 1975 gegründet, wartet mit hervorragenden Interpreten und sehr gutem Essen auf. Für einen Abend muss

Lissabon ohne Fado? Undenkbar!

man mit ca. 40 € pro Person rechnen, aber das Lokal gehört zu den Besten unter den Besten.

Rua do Meio à Lapa, 18, T 213 97 26 81, www.srvinho.com, Bus: 713, 773, Mo–Sa 19.30–2 Uhr, Musik ab 21 Uhr

Oh Captain, mein Captain!

Povo Karte 3, D 6

Zu Beginn des 20. Jh. gab es in Lissabon berühmte Kneipen, in denen Lyrik rezitiert wurde. Nun ist es wieder eine Mode, so wie in dieser Tasca-Bar im einst anrüchigen Flussviertel Cais do Sodré. Poetischer Höhepunkt ist der Montagabend mit unterschiedlichsten Lesungen. Und anschließend ist das Mikrofon offen für jeden neuen oder nicht mehr ganz neuen Dichter.

Rua Nova do Carvalho, 32-36, T 213 47 34 03, www.povolisboa.com, Metro: Cais do Sodré, Mo 12–1, Di–Fr 12–4, Sa 18–4, So 18–1 Uhr

Kulturkneipe

Irreal G 7

Galerie, Buchhandlung und Bar. So irreal ist das gar nicht. Ein neu erwachendes Interesse an Kultur ist an vielen Orten in Lissabon zu spüren, hier wird es deutlich. Zahlreiche Lyriklesungen finden hier statt, aber auch Diskussionen zu kulturpolitischen Themen. Und sehr erfolgreich ist es auch noch.

Rua do Poço dos Negros, 59, T 962 65 00 04, www.facebook.com/bar.irreal/, Tram 28, Di–Fr 19–24, Sa 20–2 Uhr

TANZEN

Stadt & Strand

Urban Beach F 8

Hier hat man alles in einem: Bar, Esplanade, Restaurant und Diskothek. Von den Liegen im Sand aus bietet sich ein herrlicher Blick über den Tejo und auf die Brücke.

Cais da Viscondessa, Rua da Cintura, T 961 31 27 46, www.grupo-k.pt, Tram 15, 18, Bus: 714, 727, 732, 751, 756, tgl. ab 18 Uhr

Hotspot mit Tejo-Blick

Op Art C 8

Wer gerne aktuelle DJ-Musik hört und dazu auch einen Happen essen möchte, findet hier am Tejo, fast unter der Brücke des 25. April, den richtigen Ort. Momentan ist dieser Glaswürfel eine der Bars der Lissabonner Nacht, wo man sich zeigen muss. Tische findet man am Abend allerdings nur auf der Esplanade, im Inneren wird getanzt.

HÖHEPUNKTE DES LISSABONNER KULTURPROGRAMMS

Der kostenfreie, monatlich erscheinende Veranstaltungskalender **»Agenda Cultural«** listet kulturelle Events. In englischer Sprache gibt es alle zwei Wochen das Programmheft **»Follow me«.** Die Tageszeitungen **»Diário de Notícias«** und **»O Público«** mit einem Kulturkalender erscheinen auch sonntags. Der **»Expresso«** und die Wochenzeitung **»O Sol«** informieren jeden Samstag mit einem beiliegenden Wochenprogramm über kulturelle Veranstaltungen. Die Stadt hat einen Kulturkalender im Internet, der nach Sparten gegliedert die wichtigsten Ereignisse zeigt: **www.agendalx.pt.**
Kartenvorverkauf: Viele Hotels, vor allem die größeren, kümmern sich um Reservierungen und Kartenvorbestellungen. Auch in den FNAC-Läden im Centro Comercial Colombo und im Chiado kann man Karten kaufen. Im Zentrum, an der Praça dos Restauradores, gibt es die Vorverkaufsstellen der Agência de Bilhetes para Espectáculos Públicos (ABEP), wo man sich auch über das Kulturprogramm informieren kann.
www.ticketline.pt: Ob Ballett, Zirkus, Fußball, Oper oder Theater: Hier kann man online seine Karten kaufen. Und beim Surfen durch die Angebote bekommt man auch einen guten Einblick in das Veranstaltungsleben (T 707 23 42 34, rund um die Uhr). Auch auf Englisch und Spanisch.

Doca de Santo Amaro, www.facebook.com/Opartofficialfanpage/, Tram 15, 18, Bus: 714, 727, 732, 751, 756, Di–So 12–5 Uhr

So geht Kult auf Kapverdisch
B.Leza ✪ Karte 3, C 6
Schon früher war das B.Leza eine der ersten Adressen für kapverdische Musik in Lissabon. Daran hat auch der Umzug nichts geändert. Die besten Musiker der Kapverdischen Inseln treten hier auf. Die Stimmung ist freundlich, man kennt sich und trifft sich. Und ob Morna, Coladeira oder Funaná, die Musik bringt die Besucher auf die Beine – allerdings selten vor 1 Uhr. Dafür geht aber vor den frühen Morgenstunden auch kaum einer nach Hause.
Cais da Ribeira Nova, T 963 61 28 16, www.blogdibleza.blogspot.pt, Metro: Cais do Sodré, Mi–So 22.30–4 Uhr

Asiatische Erinnerungen
Indochina ✪ D 8
Buddhas, Figuren aus Thailand und Mao-Poster, Erinnerungen an Vietnam und Laos: Der Name ist Programm in dieser Megadisco mit Bar und Restaurant.
Rua da Cintura do Porto de Lisboa, Armazém H, T 213 95 58 75, Tram: 15, 18, Bus: 28, 714, 732, Mo–Sa 18–4 Uhr

Nichts für Klosterschüler
Kremlin ✪ F 7
Gewiss eine der besten Diskotheken Portugals und eine der ältesten der Stadt. Getanzt wird auch in einem Teil eines alten Klosters, den man gesehen haben sollte. Das Publikum ist zwischen 20 und 30 Jahre alt; vorwiegend wird Techno und Acid gespielt. Auch die Schwulenszene zeigt sich gerne, vermischt mit dem anderen Publikum und einmal nicht isoliert. Zu erreichen über die Rua 24 de Julho.
Rua Escadinhas da Praia, 5, T 213 93 29 34, www.grupo-k.pt, Bus: 706, 714, 728, 732, 794, Di, Do–Sa 2–7 Uhr

Jenseits von Afrika
Lontra ✪ G 6
Eine der bekanntesten afrikanischen Diskotheken mit Gästen fast aller Altersgruppen. Nach Mitternacht gibt es oft Livemusik. Auch wenn Kenner behaupten, renoviert und mit jüngerem Publikum sei das Lontra nicht mehr so wie früher, ist es immer noch ein Erfolg.
Rua de São Bento, 157, T 213 96 10 83, Metro: Rato, tgl. 23–4 Uhr

Am Lux kommt in Lissabon kaum einer vorbei: eine der aufregendsten Adressen.

Being John Malkovich

Lux ✪ L 6

Ob Politiker, Schauspieler, Model oder ganz normale Nachtschwärmer – ins Lux kommen sie alle. Mitbesitzer dieser ausgezeichneten Adresse für Nachtschwärmer, deren Räumlichkeiten sich über drei Etagen ausbreiten, ist US-Schauspieler John Malkovich. Im Erdgeschoss legen nationale und internationale DJs auf, im ersten Stock geht es ruhiger zu, dort ist die Bar, von der aus man auf die große Terrasse mit Blick auf den Tejo gelangt. Und ganz oben ist dann noch einmal eine große Terrasse, die mit einem herrlichen Blick auf Lissabon auftrumpft. Mehr als irgendeine Disco-Bar.

Avenida Infante D. Henrique, Armazém A, Cais da Pedra a Sta. Apolónia, T 218 82 08 90, www.luxfragil.com, Metro: Santa Apolónia, Di–Sa 22–6 Uhr

Jung und schön

Main-Lisbon ✪ F 7

Fangen wir oben an: ein (teures) gutes Sushi-Restaurant, in der Mitte eine schicke Bar für betuchtere Gäste. Und ganz unten tanzt die Jugend Lissabons, die wohl von dem Aufstieg in die oberen Etagen träumt, in einer fast immer vollen Diskothek.

Avenida 24 de Julho, 68, www.mainlisbon.pt, Tram: 15, 18, Bus: 714, 732, Diskothek/Bar Do–Sa 23–4 Uhr, Restaurant Di–Sa 20–1 Uhr

Beliebt im Bairro Alto

Purex ✪ Karte 3, D 5

Inmitten des Bairro Alto liegt diese neue Bar und Diskothek, die schnell zum beliebten Treff wurde. Vor allem am Wochenende ist es hier voll, viele suchen auch mit einem Getränk die frische Luft der Straße. Die Einrichtung ist schlicht, das Ambiente bestimmt das Publikum.

Rua das Salgadeiras, 28, Metro: Baixa-Chiado, Di–So 23–4 Uhr

SO EIN THEATER

Teatro Nacional São Carlos

✪ Karte 3, D 5

Wie wäre es mit »Madame Butterfly« oder »Iphigénie en Tauride«? Eine große Tradition wie in Italien hat die Oper in Portugal nicht. Hier werden vor allem ausländische Inszenierungen gegeben. Aber eine Vorstellung in dem 1793 eröffneten Nationaltheater ist immer ein lohnendes Erlebnis.

www.tnsc.pt

Hin & weg

Ankunft in Lissabon

Der Aeroporto de Lisboa liegt im Norden der Stadt (Karte 5).
Informationen zu Ankunft und Abflug: T +351 218 45 06 60

Vom Flughafen ins Stadtzentrum
Mit der Metro: Ein Ticket in die Stadt kostet 1,40 €.
Mit dem Taxi: Am Ausgang warten zahlreiche Taxis. Der Preis bis zum Rossio sollte 15 € nicht übersteigen. Für Gepäck im Kofferraum berechnen die Fahrer 1,60 € extra. Um überhöhten Fahrpreisen vorzubeugen, kann man bei der Information am Flughafen das bei den Taxifahrern unbeliebte Taxi-Voucher kaufen.
Mit dem Bus: Für Reisende mit Gepäck bietet sich für die Fahrt ins Zentrum auch der Aero-Bus Nr. 91 (7–23 Uhr alle 20 Min.) an. Der Preis für ein Ticket beträgt 3,50 €. In den Bussen Nr. 42 und Nr. 43, die ebenfalls ins Zentrum fahren, ist die Mitnahme von Gepäck nicht erlaubt.

Bahnhof Santa Apolónia
Am besten kommt man vom Bahnhof Santa Apolónia in ungefähr sechs Minuten mit der Blauen Linie der Metro zur Praça dos Restauradores mitten im Zentrum.

Informationen

Centro de Turismo: Hier gibt es Stadtpläne, Bustickets, Infos zu Sehenswürdigkeiten, Unterkünften und Veranstaltungen.
Palácio Foz (H 6): Praça dos Restauradores, T 213 46 33 14, Metro: Restauradores, Bus: 736, 707, 709, 711, Mo–Sa 9–20, So 10–18 Uhr
Flughafen: T 218 49 43 23
Bahnhof Santa Apolónia (L 6): Avenida Infante Dom Henrique, T 218 49 36 89
Telefonauskunft für Touristen: T 808 78 12 12, tgl. 8–19 Uhr
Lisbon Welcome Center (J 7): Praça do Comércio, Bus: 11, 13, 25 A, 81, tgl. 9–20 Uhr

... im Internet
www.visitportugal.com: Die offizielle Tourismusseite Portugals informiert auch auf Deutsch, Spanisch und Englisch. Einzelne Rubriken sind die Geografie des Landes, nach Regionen und Städten unterteilte Hotel- und Restaurant-Übersichten, Reisewege und die Strände Portugals, Freizeitmöglichkeiten und Reisebüros. Und natürlich bekommt man auch recht ausführlich Tipps zu Lissabon.
www.visitlisboa.com: Die offizielle und zugleich beste Website über Lissa-

Lisboa Card

Setzen Sie alles auf eine Karte: Die **Lisboa Card** berechtigt zur Benutzung der öffentlichen Verkehrsmittel inklusive der Kabelbahnen *(elevadores)* und der Zuglinie Cais do Sodré-Cascais sowie zum Eintritt in 25 Museen. In vielen weiteren Einrichtungen gibt es Ermäßigungen. Beim Kauf dieser Karte bekommt man eine Broschüre, die detailliert über die Vorteile informiert. Die Lisboa Card kostet für Erwachsene pro Tag 18,50 €, für Kinder (5–11 Jahre) 11,50 €. Satte Rabatte gibt es, wenn man sie für zwei (31,50 €, Kinder 17,50 €) oder drei Tage (39 €, Kinder 20,50 €) in Anspruch nimmt. Erhältlich ist die Lisboa Card bei allen Auskunftsstellen für Touristen sowie im Mosteiro dos Jerónimos, Praça do Império, und im Museu Nacional de Arte Antiga, Rua das Janelas Verdes.

bon. Sie informiert – in vielen Themenbereichen u. a. auch auf Deutsch – über die Geschichte der Stadt, über Sehenswürdigkeiten, aktuelle Veranstaltungen, mit Internetadressen der Hotels und Restaurants. Hier findet man ebenso Hinweise zu Kongressen, Transportmittel n und dem Lissabonner Nachtleben. Auch die monatlich erscheinende Zeitschrift »Follow Me Lisboa« kann über diese Seite online gelesen werden. Ein Link zum Wetter ist ebenfalls vorhanden, hier erfährt man die durchschnittlichen Jahrestemperaturen sowie das aktuelle Wetter in Lissabon.

www.cm-lisboa.pt/visitar: Die Tourismusseite der Stadtverwaltung.

www.viniportugal.pt/: Die offizielle Seite der portugiesischen Weinproduzenten.

REISEN MIT HANDICAP

Informationen auch auf Deutsch und Englisch für Reisende mit Handicap finden sich auf www.portugalacessivel.com. Gibt es auch als App fürs Smartphone (Windows, IOS, Android).

SICHERHEIT UND NOTFÄLLE

Wo Touristen sind, wird auch geklaut. In Bussen mit vornehmlich touristischen Zielen, an Bahnhöfen und am Flughafen sollte man auf Wertsachen besonders gut aufpassen, denn die Taschendiebe sind weit über die Stadt hinaus für ihr Geschick bekannt. Insgesamt aber ist Lissabon eine recht sichere Hauptstadt, Überfälle oder tätliche Angriffe sind selten und passieren eher in den Vororten. Lästig sind mitunter die Hehler und Kleindealer, die vor allem Besuchern an den Plätzen Rossio, Figueira und Restauradores Haschisch und goldene Uhren andrehen wollen.

Wichtige Notrufnummern

Notruf: T 112 (landesweit)
Feuerwehr: T 213 42 22 22
Polizei: T 217 82 52 00
Touristenpolizei: Praça dos Restauradores, Palácio Foz, T 213 42 16 34
Pannenhilfe: T 707 50 95 10 (Portugiesischer Automobilclub, ACP)
Krankheit: T 219 42 11 11 (Rotes Kreuz)
Vergiftungen: T 808 25 01 43
Sperr-Notrufnummer: Für Kreditkarten, Bankarten und Handys: T +49 116 116

Diplomatische Vertretungen

Deutsche Botschaft (🕮 J 5): Campo dos Mártires da Pátria, 38, T 218 81 02 10, www.lissabon.diplo.de
Österreichische Botschaft (🕮 E 6): Avenida Infante Santo, 43, 4°, T213 94 39 00, www.bmeia.gv.at/pp/botschaft/lisboa/a-embaixada.html
Schweizer Botschaft (🕮 E 6): Travessa do Jardim, 17, T 213 94 40 90, www.eda.admin.ch/countries/portugal/pt/home/representacoes/embaixada.html

UNTERWEGS IN LISSABON

Mit öffentlichen Verkehrsmitteln

In Lissabon herrscht stets ein großes Verkehrsgewühl. Mit öffentlichen Verkehrsmitteln fährt man auf jeden Fall besser. In Lissabon ist »Carris« für Busse und Straßenbahnen zuständig, die »Metropolitano« für die U-Bahn. Einzelfahrscheine im Bus kosten 1,80 € und in der Straßenbahn 2,85 €. Die einfache Fahrt in der U-Bahn kostet 1,40 €. Die kombinierte Tageskarte Carris/Metro gibt es für 6 € (Tarife, Fahrpläne und weitere Informationen im Internet unter www.carris.pt und www.metrolisboa.pt). Eine kostengünstige Variante ist die Lisboa Card. Sie berechtigt zur Fahrt mit den öffentlichen Verkehrsmitteln und zum freien bzw. ermäßigten Museumseintritt.

Straßenbahn: Moderne klimatisierte und traditionelle Straßenbahnen *(eléctricos)* führen in Lissabon eine Koexistenz. Die Fahrt dauert länger als mit dem Bus. Doch gerade die gemütlichen alten Bahnen sind mehr als nur ein Transportmittel.

U
UMWELT

Lissabon schonen: Den Lissabonnern ihr Auto zu nehmen, ist schwer. Gerade deshalb fährt man als Tourist mit der Metro besser, zumal fast alle Highlights der Stadt mit öffentlichen Verkehrsmitteln gut zu erreichen sind. Umweltverschmutzung ist ein wichtiges Thema geworden. Der Tejo ist inzwischen wesentlich sauberer und dort wurden schon wieder Delfine gesichtet. Zum Schwimmen ist er – vor allem an den Stränden des Nordufers – aber noch nicht zu empfehlen. Aber auch im Alltag wird das Umweltbewusstsein stärker und so gibt es sogar in den Supermärkten (fast) immer Abteilungen für Bio-Gemüse und -Obst.
Die Website des portugiesischen **Umweltverbands Quercus** informiert über Aktivitäten wie Umwelterziehung, Naturerhaltung, erneuerbare Energien und Öko-Tourismus: www.quercus.pt (auf Portugiesisch).

Elevadores: Zum Alltag der Lissabonner gehören die Kabelbahnen, die Fahrgäste besonders steile Gassen hinauf- bzw. hinabbefördern. Für den Elevador da Bica, den Elevador da Glória und den Elevador do Lavra gelten ebenso wie für den Aufzug von der Baixa ins Bairro Alto, den Elevador de Santa Justa, die normalen Bus- und Bahntarife.

U-Bahn: Das recht kleine Netz wird immer noch erweitert. Es deckt den Innenstadtbereich bis Campo Grande, den Weg nach Benfica, zum Flughafen und bis Oriente gut ab. Die Eingänge sind an einem großen ›M‹ zu erkennen. Eine Fahrt lohnt auch wegen der neuen, schön gestalteten U-Bahn-Stationen, die mit *azulejos*, portugiesischen Wand- und Bodenfliesen, zu kleinen Kunsthallen umgebaut wurden.

Vorortzüge: Zwei Hauptrouten führen in die Vororte Lissabons, von Entrecampos aus Richtung Sintra alle 30 Minuten und vom Cais do Sodré alle 20 Minuten nach Cascais.

Bus: Das Lissabonner Busnetz ist dicht und sehr gut ausgebaut. Die Busse, oft recht voll, fahren häufig. Am Wochenende und abends verkehren sie allerdings weitaus seltener.

Fähren: Tag für Tag fahren Tausende mit der Fähre über den Tejo, um in Lissabon zu arbeiten. Verglichen mit der oft verstopften Brücke ist dies eine echte Alternative und für die Reisenden eine schöne Überfahrt. Nach Cacilhas fahren die Fähren alle 20 Min. von der Estação Cais do Sodré ab, hier kann man auch sein Auto mitnehmen. Von Belém setzt die Fähre nach Porto Brandão bzw. Trafaria über.

Taxi: Taxifahren ist in Portugal kein Luxus. Die Grundgebühr beträgt 3,25 €. Taxis sind eine gute Alternative zum eigenen Auto und innerhalb der Stadt kaum teurer. Die Taxis sind in der Regel beige, es verkehren aber auch wieder einige schwarze Wagen mit grünem Dach. Am einfachsten erwischen Sie ein Taxi, indem Sie dem Fahrer ein Handzeichen geben; in der Stadtmitte, z. B. am Rossio oder an der Praça dos Restauradores, befinden sich Taxistände. Achten Sie bei Fahrantritt darauf, dass der Zähler eingeschaltet ist.

Mit dem Auto

Unterwegs in Lissabon – besser **nicht mit dem Auto:** Das Zentrum und viele der Sehenswürdigkeiten lassen sich gut erlaufen. Viele der wichtigsten Punkte der Stadt erreichen Sie mit Metro oder Bus, auch Taxis sind immer noch relativ preisgünstig. Und dann gibt es natürlich auch noch die gute alte Nr. 28, Lissabons berühmte Straßenbahn. Weit weniger angenehm ist es mit dem Auto. Der Verkehr ist dicht, manchmal auch chaotisch, Staus sind die Regel, nicht die Ausnahme. Und die Parkhäuser sind so teuer, dass nach zwei, drei Stunden die Gebühren schon für eine (kürzere) Taxifahrt ausreichen. Falschparken ist dagegen auch keine Alternative, denn gerade im Zentrum passt die *policia* inzwischen sehr gut auf. Falls Sie trotzdem lieber mit dem Auto unterwegs sind, sollten Sie sich an folgende Verkehrsregeln halten: Allgemein gelten in Portugal folgende Geschwindigkeitsbegrenzungen: Autobahn 120, Landstraße 90 und Stadt 50 km/h. Auf allen Straßen gilt Anschnallpflicht. Die Alkoholgrenze liegt bei 0,5 Promille. Die zahlreichen Hinweise auf Anschnallpflicht und Alkoholverzicht am Steuer zeigen, wie real dieses Problem ist. Portugal hat immer noch eine extrem hohe Zahl an Verkehrstoten zu beklagen. Größte Vorsicht ist also geboten.

Leihwagen: Es ist am günstigsten, einen Leihwagen im Heimatland zusammen mit dem Flug zu buchen, z. B. bei TUI (www.tui.de). Die Preise belaufen sich auf ca. 60 € pro Tag, die Wochenmiete ist etwas billiger. Große wie kleine Autovermieter haben Filialen in der Innenstadt und direkt am Flughafen, u. a.:
Europcar: Flughafen, T 219 40 77 90
Auto Europe: Flughafen, T 800 78 00 88
Budget: Flughafen, T 808 25 26 27
Hertz: Flughafen, T 808 20 20 38
Solcar: Rua São Sebastião Pedreira, 51 D, T 213 13 90 70.
Automotor: Avenida Sacadura Cabral, 23 A, T 217 80 23 70
Rupauto: Rua da Beneficiência, 99 A/B/C, T 217 81 78 30

STADTRUNDFAHRTEN

Stadtrundfahrten und Ausflüge in die Umgebung von Lissabon werden u. a. von den folgenden Unternehmen angeboten:

Carris: Die Lissabonner Verkehrsgesellschaft bietet Touren an (www.yellowbustours.com). Die Sightseeing-Tour mit der Straßenbahn von der Praça do Comércio dauert 1,5 Std. Abfahrt Okt.–Mai tgl. 9.30–17.30 Uhr alle 30 Min., Juni–Sept. 9.30–19 Uhr alle 25 Min. Preis für Erwachsene 18 €, Kinder (bis 10 Jahre) 9 €.

Ein **Bus** mit offenem Verdeck startet an der Praça da Figueira. Die **Tagus Tour** führt an einigen der wichtigsten Monumenten vorbei über die Innenstadt nach Belém und dann am Tejo entlang wieder zurück. Abfahrt alle 20 Min., 9.30–18.50 Uhr. Preis für Erwachsene 15 €, für Kinder (bis 10 Jahre) 7,50 €.

Transtejo bietet in der Zeit vom 1. April bis 31. Okt. täglich um 15 Uhr eine Flussfahrt von der Praça do Comércio bis zum Parque das Nações an. Preis für Erwachsene 20 €, für Kinder (bis 11 Jahre) 10 €. Auskunft: Estação Fluvial do Terreiro do Paço, T 808 20 30 50.

Von der Metro über Art zur Street

O-Ton Lissabon

obrigado / obrigada

Danke!
(männliche und weibliche Form)

Pôr as barbas de molho

Den Bart ins Wasser legen.
Sich vor drohender Gefahr schützen

TER FALTA DE CHÃ

Wem – so wörtlich – Tee fehlt, der ist etwas grob gestrickt.

adeus

Auf Wiederse-hen!

Fazer chorar as pedras da calçada

zum Steinerweichen
Auf dem Straßenpflaster – calçada – wurden die traurigen Lieder der Straßensänger gesungen.

bom dia

Guten Tag!

SE FAZ FAVOR

Bitte!

VELHO DO RESTELO

Ein Alter aus dem Restelo
Nicht der Alte – velho - aus dem Diplomatenviertel Restelo, sondern skeptisch gegen alles Neue.

Volto já

Bin gleich zurück.
Findet sich auf Zetteln an Geschäften. Gleich ist dabei relativ.

Isto faz-se

Das kriegen wir hin.
Hört man oft und ist oft etwas zu opitmistisch.

Estou a chegar

Bin gleich da.
(siehe: volto já)

Das Klima im Blick
Reisen bereichert und verbindet Menschen und Kulturen. Wer reist, erzeugt auch CO_2. Der Flugverkehr trägt mit bis zu 10 % zur globalen Erwärmung bei. Wer das Klima schützen will, sollte sich – wenn möglich – für eine schonendere Reiseform entscheiden oder die Projekte von atmosfair unterstützen. Flugpassagiere spenden einen kilometerabhängigen Beitrag für die von ihnen verursachten Emissionen und finanzieren damit Projekte in Entwicklungsländern, die dort den Ausstoß von Klimagasen verringern helfen (www.atmosfair.de). Auch die Mitarbeiter des DuMont Reiseverlags fliegen mit atmosfair!

Abbildungsnachweis

flickr.com, Sunnyvale (USA): S. 120/4 (Barrison/Creative Commons, CC-BY-SA 2.0)
Fotolia, New York (USA): S. 8/9, 59 u. (Bogacki); 49 (dennisvdwater); 47 o. (Friedberg); 104 (offfstock); 31 u. (SeanPavonePhoto); 28 (stbaus7); 77 o. (StockPhotosArt); 120/1 (txakel)
Getty Images, München: S. 97 (Bernhardt); 107 (Lonely Planet); Titelbild (West)
Gerd Hammer, Lissabon: S. 5
iStockphoto, Calgary (Kanada): S. 64 (BirgerNiss); 24 (fotoVoyager); 36 (stockstudioX); 84 (typo-graphics)
Laif, Köln: S. 120/6 (Baier); 120/9 (v. d. Broek/Hollandse Hoogte); 86, 109 (4SEE/Catarino); 85 (Daniels/Hollandse Hoogte); 7, 14/15, 39, 48, 56 (Gerber); 94 (SZ Photo/Giribas); 91 (Gonzalez); 12/13, 25 (Hub); 20, 53, 55 o., 93 (Jaeger); 113 (Marvaux/REA); 52 (hemis.fr/Mattes); 16/17 (Meyer); 41, 63 o. (Invision/Marnoto); Umschlagklappe hinten (Raach); 63 u. (Le Figaro Magazine/Russe); 43 (Siemers); 80 (Tuul & Bruno Morandi)
Look, München: S. 29, 59 o. (age fotostock); 40 (Leue)
mauritius images, Mittenwald: S. 67 (Alamy/Adam Eastland Art + Architecture); 102 (Alamy/Baptista); 73 (Buss); 83, 120/3 (Alamy/Cro Magnon); 77 u. (Alamy/Duchaine); 120/8 (Falkensteinfoto); 4 u. (age/Gonçalves); 78/79 (age/Kadic); 27, 98 (imagebroker/Kiefer); 120/5 (Alamy/Neftali); 35 (Alamy/Nogueira); 47 u. (Alamy/paul abbitt rml); 74 (Alamy/Pereira/StockPhotosArt – Daily Life); 71 (Alamy/Ribeiro); 88 (age/Schickert); 33 (Alamy/Schickert); 34 (Alamy/Sinclair); 61 (Alamy/Stuart Forster Europe); 4 o., 65 (Alamy/Torres); 26 (Alamy/Welsh); 101 (Alamy/Wilkinson); 55 u. (Alamy/Wlodarczyk)
Schapowalow, Hamburg: S. 90 (4Corners/Abreu); 22 (SIME/Cozzi)
Stefan Scholtz, Hamburg: S. 46, 70
Turisme de Lisboa, Lissabon: S. 31 o.
Wikipedia/Wikimedia Commons, CC-BY-SA 3.0: S. 120/2 (Seguin); 120/7 (Manuelvbotelho/)
Zeichnungen: S. 2, 11, 45, Umschlagklappe vorn (Konopik)

Kartografie: DuMont Reisekartografie, Fürstenfeldbruck
© DuMont Reiseverlag, Ostfildern

Umschlagfotos: Titelbild: Tram im Zentrum von Lissabon
Umschlagklappe hinten: Hafeneinfahrt beim Torre de Belém

Hinweis: Autor und Verlag haben alle Informationen mit größtmöglicher Sorgfalt geprüft. Gleichwohl sind Fehler nicht vollständig auszuschließen. Alle Angaben erfolgen ohne Gewähr. Bitte schreiben Sie uns! Über Ihre Rückmeldung zum Buch und Verbesserungsvorschläge freuen sich Autor und Verlag:

DuMont Reiseverlag, Postfach 3151, 73751 Ostfildern,
info@dumontreise.de, www.dumontreise.de

FSC®
www.fsc.org
MIX
Papier aus verantwortungsvollen Quellen
FSC® C124385

1. Auflage 2017

Autor: Gerd Hammer
Redaktion/Lektorat: Doreen Reeck
Bildredaktion: Stefan L. Scholtz
Grafisches Konzept: Eggers+Diaper, Potsdam
Printed in China

Kennen Sie die?

9 von 547 631 Lissabonnern

Fernando Pessoa

Der Dichter der Stadt und seiner eigenen vielschichtigen Welt. Seine Spuren finden sich in ganz Lissabon. Ob Heteronyme oder Pseudonyme, unter insgesamt 72 Namen schrieb Pessoa sein fantastisches Werk.

António Lobo Antunes

Seine Bücher kommen aus Lissabon und sind Weltliteratur. Und immer noch erscheint fast jedes Jahr ein neues Buch. Einen Nobelpreis hat er (noch) nicht erhalten. Viele meinen allerdings, er hätte ihn verdient.

Amália Rodrigues

Die Stimme des Fados, des Volkes, Lissabons. Sie war und ist die Königin des Fados. Portugal machte sie berühmt, als kaum einer das kleine Land kannte. Wer sie einmal gehört hat, vergisst sie nicht wieder.

Marquês de Pombal

Er baute Lissabon nach dem Erdbeben von 1755 nach absolutistischen Kriterien wieder auf. Quadratisch, praktisch, gut. Wie Sie in der Baixa sehen können. Und erdbebensicher ist die damals erfundene Architektur auch.

Eusébio

Der gebürtige Mosambikaner Eusébio da Silva Ferreira, der ›Schwarze Panther‹, gehört zu Benfica wie der Fußballverein zu Lissabon. Heute ruht er neben den Großen des Landes im nationalen Pantheon. Ob er sich da wohlfühlt?

Mariza

Die neue Stimme des Fado und ein Exportschlager. Aber auch im Lande anerkannt. 2015 wurde sie zu einer der 20 wichtigsten Frauen Portugals gewählt. Wenn sie nicht durch die Welt tourt, trifft man sie in den Fado-Clubs.

António Costa

Vom beliebten Bürgermeister der Stadt zum Ministerpräsidenten des Landes. Die Familie stammt aus dem indischen Goa, aber Costa (* 1961) ist waschechter Lissabonner.

Luís Vaz de Camões

Der Nationaldichter (1524-80) hat einen eigenen Platz in Lissabon. Seine »Lusiaden« erzählen die Geschichte der Entdeckungen der Portugiesen.

António Damásio

»Descartes' Irrtum« wurde ein internationaler Bestseller. Seither gehören Geist und Körper wieder zusammen. Sein 1944 in Lissabon geborener Autor ist Neurowissenschaftler.